1일 1페이지
사장 수업

1일 1페이지 ——— 사장 수업

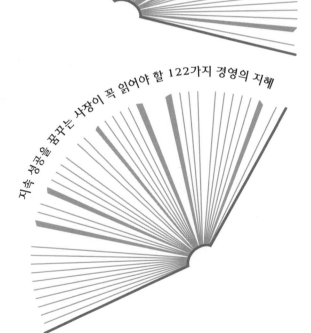

지속 성공을 꿈꾸는 사장이 꼭 읽어야 할 122가지 경영의 지혜

하마구치 다카노리 지음

슬로디미디어

"사장의 업무력이 회사의 성패를 결정한다."

수천 명의 사장을 만나고 수천 개에 이르는 회사의 경영 성과를 보면서 느끼고 알게 된 사실이다. 이는 이미 성공한 수많은 사람이 주장해왔으며, 직위에 상관없이 회사에 소속되어 일하는 많은 직장인이 경험을 통해 알고 있는 내용일 것이다. 하루하루 변화하는 소비자들의 냉정한 반응을 꼼꼼하게 확인하는 부지런한 사장이라면 이 사실을 누구보다 강하게 실감할 것이다.

하지만 사실 여기에는 큰 함정이 있다.

'사장의 업무력이 회사의 성패를 결정한다'라는 말은 장기적으로 본다면 진실이지만, 단기적으로 볼 때는 거짓이기 때문이다. 경영은 실로 오묘해서 단기적으로 보면 사장의 능력과 관계없이 성공하는 경우가 많다. 경영 성공을 뒷받침하는 요인이 우연히 형성되거나, 시대적인 흐름이나 분위기를 타고 사장의 일부 특출한 능력이 강하게 부각되면서 전체적인 성공을 이끌어내기도 한다. 아니, 성공해버린다. 즉, 대부분의 성공은 우연일 뿐이다.

하지만 그럼에도 수많은 사장이 이 '우연한 성공'에 만족한다. 성공의 일부가 우연히 이루어졌다는 사실은 꿈에도 모른 채 모든 성공이 자신의 능력으로 이루어낸 성과라고 믿는다. 그래서 이후 사장으로서 능력을 키우고자 하는 노력을 소홀히 한다. 자연히 다른 사람의 이야기에 귀를 닫고 독선적이 된다. 그리고 결국에는 실패하고 만다.

환경은 항상 변한다. 그에 따라 회사를 성공으로 이끈 요인도 끊임없이 변화한다. 당연히 우연하게 찾아왔던 요소도 변화한다. 이때 능력이 없는 사장은 이 요소들을 재구축하지 못한다. 무엇이 달라졌는지, 무엇이 필요한지 자체를 모른다. 우연한 성공에 취해 사장으로서 갖춰야 할 능력을 배양하는 노력에 소홀하여 경영에 필요한 '요소와 구조'를 파악하지 못하니 이는 당연한 결과다. 다만 경영이 원활하지 못하다는 사실만 인지할 뿐이다. 수많은 사장이 사장의 자리를 유지하기가 어렵다고 토로하는데, 이 가혹한 현실 뒤에 자리 잡은 큰 원인 가운데 하나가 바로 이것이다.

사장의 업무력은 회사를 일시적인 성공으로 이끄는 것이 아니다. 회사를 '영원히 지속하기' 위해 필요한 모든 일을 실천하는 능력이다. 이는 결코 간단하지 않다. 성공하기는 쉽지만 성공을 지속하기는 어려운 법이다. 이 책은 어려움과 정면으로 부딪힐 각오가 있는 사장을 위한 것이다. 일시적인 성공이 아니라 지속적인 성공을 지향하는 사장, 일시적인 성공에 취해 자만하지 않고 실력을 쌓으려는 사장들을 위한 책이다.

　수천 명에 이르는 사장들이 내 눈앞에 보여준 현실, 성공과 실패의 경험에서 나온 그들의 말은 가혹했다. 이 가혹함을 그대로 전달할 표현이 있을지 모르겠다. 물론 용기와 희망을 주는 격려도 중요하다. 하지만 이런 부드러운 격려만으로 사장을 지탱할 수는 없다. 힘들고 괴롭겠지만, 부디 마음과 귀를 열고 받아들여 당장 내일부터 경영에 활용하기 바란다.

　이 책은 '한 번 읽고 마는 책'이 아니다. '아는지 모르는지'가 아니라 '실천하는지 아닌지'를 자문하는 자세가 바로 사장의 '성공과 지속'을 가늠하는 기준이다. 이 기준에서 출발하기 바란다.

　사장의 바쁜 업무를 고려해 매일 아침 1분 안에 읽을 수 있도록 한 가지 주제마다 간결하고 짧은 문장으로 정리했다. 내용을 훑어본 후에는 하루에 하나의 주제씩 차분하게 생각하며 사장의 업무력을 점검할 수 있도록 배려했다. 글을 읽는 데 1분, 자신을 돌아보는 데 5분씩만 할애하라. 이 간단한 실천으로 사장의 능력을 비약적으로 향상시킬 수 있을 것이다. 자신을 돌아보고 직시하기란 괴롭고 힘든 작업이기도 하다. 하지만 이것이 바로 이 책과 함께하는 중요한 첫걸음이다. 그럼 지금부터 당신을 지속적인 성공으로 이끌 이야기를 시작하겠다.

목차

프롤로그 :: 4

PART I 사장의 힘을 키워라 – Improve the president power

사장의 자계(自戒)
01 성공하는 사장의 첫 번째 조건 :: 14
02 대부분의 성공은 우연이다 :: 16
03 겸허함의 위력 :: 18
04 90점의 유혹 :: 20
05 나머지 99%라는 자각 :: 22
06 당연함의 기준 :: 24
07 경영 능력의 방향성 :: 26
08 급여는 비용이 아니다 :: 28
09 사장의 급여는 나머지 :: 30
10 공사의 구분 :: 32
11 진정한 고객 제일주의 :: 34
12 성공은 균형 안에 있다 :: 36
13 성공은 사장의 최종 조건 :: 38

사장의 정신력
14 성공의 정석 :: 40
15 장사의 정석 :: 41
16 돈으로부터의 도망 :: 43
17 일곱 가지 정신적 장벽 :: 45
18 사회공헌의 힘 :: 47
19 약자라는 자각 :: 49
20 사람을 알려는 노력 :: 51
21 긍정적인 위기감 :: 52
22 우위성의 근원 :: 54
23 성장 곡선의 구조 :: 56

사장의 기술력
24 비즈니스 설계도 :: 58
25 설계자의 자각 :: 60
26 전문가의 기술 :: 62

27 경영의 3대 요소 :: 64
28 경영의 12분야 :: 66
29 성장 무대와 3대 요소의 우선순위 :: 68
30 커뮤니케이션 능력 :: 71
31 정보 전달의 어려움 :: 72
32 문자의 힘 :: 74
33 엘리베이터 피치(Elevator Pitch) :: 76

사장의 행동력
34 바쁘다는 면죄부 :: 78
35 지속적으로 성장하는 사람의 특징 :: 80
36 실패하는 사람 :: 82
37 일석삼조의 행동술 :: 84
38 효율보다 효과 :: 86
39 작은 약속 :: 88
40 위기의 순간에 해야 할 일 :: 90
41 변화를 사랑한다 :: 92
42 수많은 눈이 사장을 따른다 :: 93
43 유일한 성공법칙 :: 95

경영 능력
44 경영 능력의 3대 요소 :: 97
45 경영의 정의 :: 99
46 사장은 행복 전문가 :: 100
47 미션 :: 101
48 사업계획서 :: 103
49 망원경과 현미경 :: 104
50 행복한 사장의 3대 조건 :: 105
51 사장의 실업 :: 107
52 사장에게 남은 일 :: 108
53 3년 후에 살아남는 이유 :: 109
54 의사결정 :: 111
55 자만심과 맞선다 :: 113

상품력
56 문제 해결 전문가 :: 115
57 두 가지 가치의 양립 :: 117
58 첫 번째 상품 개발 :: 119
59 이해하기 쉬운 상품 :: 121

60 가격 책정이 바로 경영 :: 123
61 포지셔닝 :: 124
62 포지셔닝과 미션 :: 125

PART II 경영력을 키워라 – Improve the management power

영업력

63 판매력 :: 128
64 매출의 3대 요소 :: 130
65 판매 행위에 대한 정신적 장벽 :: 132
66 상품력과 영업력 :: 134
67 고객 장부 :: 136
68 고객의 단계 :: 138
69 고객은 친구 :: 140
70 행렬 :: 141
71 회사의 얼굴 :: 143
72 긴 여정에 대처하는 법 :: 145

관리력

73 재무 3표 :: 147
74 자금운용표 :: 148
75 자금을 창출하는 수단 :: 150
76 사랑과 돈의 맞교환 :: 152
77 10원의 무게 :: 154
78 외상매출금 :: 155
79 지급의 가치 :: 156
80 간접 부문 :: 158
81 '구조화' 발상 :: 160
82 자동판매기 :: 161
83 사장이 없는 날 :: 162

매니지먼트 능력

84 팀을 만든다 :: 164
85 이상적인 팀 :: 165
86 자립형 팀을 만드는 비결 :: 166
87 팀의 자립을 저해하는 존재 :: 167
88 직원은 파트너 :: 169
89 이인자의 존재 :: 171
90 육성의 책임 :: 173

91 1,000번 되풀이할 각오 :: 175
92 의욕 매니지먼트 :: 177
93 잘 되는 팀의 제1조건 :: 179
94 작은 회사의 채용 전략 :: 180
95 사장의 영향력 :: 182

이익력과 투자력
96 이익 공식 :: 184
97 이익의 목적 :: 186
98 이익의 종류 :: 188
99 지급 전 이익 :: 190
100 목표이익률 :: 192
101 이익의 재투자 :: 194
102 투자 감각 :: 196
103 가장 현명한 투자 :: 198
104 세금 :: 200
105 세금 지식과 훈장 :: 202

리스크 매니지먼트 능력
106 이유를 모르는 성공 :: 204
107 100-1=0 :: 206
108 범죄를 저지르지 않는 책임 :: 207
109 자본 정책 :: 209
110 전문가 집단 :: 210
111 가장 강력한 경영 자원 :: 211
112 고객의 분산 :: 212
113 스톡형 비즈니스 :: 213
114 현금 장사 :: 215
115 클레임에 대한 각오 :: 217
116 고객을 선택할 권리 :: 220
117 모니터링 능력 :: 222
118 숫자와 현실 직시 :: 224
119 철수선 :: 226
120 성장의 끝 :: 228
121 모방당할 각오 :: 230
122 고객과 회사의 접점 :: 232

에필로그 :: 234

사장의 힘을 키워라

- Improve the president power

성공하는 사장의 첫 번째 조건

'눈이 내리는 것도 나의 책임'이라고 생각하는가?

우리는 실패한다. 반드시 실패한다. 이상을 쫓지만 매일 뜻대로 되지 않는 일뿐이다. 이것이 경영의 현실이다. 하지만 이는 다른 누구의 책임도 아니다. 모든 결과는 사장의 책임이다.

실패에는 이유가 있다. 일이 제대로 진행되지 않는 데는 이유가 있다. 실패는 그 이유를 가르쳐주기 위해서 존재한다. 현재의 방식이 틀렸다고 알려주기 위해서 발생하는 것이다. 하지만 성공하지 못하는 사장은 실패의 원인이나 일이 잘 풀리지 않는 이유를 자신이 아닌 다른 누군가에게 전가하고 그 가르침을 외면한다. 이래서는 경영이 발전할 수 없다.

자신 이외의 다른 데로 책임을 돌리지는 않는가?

변명만 하지는 않는가?

자신을 냉정하게 돌아보라. '눈이 내리는 것도 내 책임이다.' 이런 각오가 된 사장만이 실패를 발판으로 삼아 한 걸음 한 걸음 성공에 다가설 수 있다.

대부분의 성공은 우연이다

'우연한 성공'에 안주하지는 않는가?

회사의 성공은 사장의 능력에 달렸다. 장기적으로 본다면 이
는 진실이다. 하지만 단기적으로 볼 때는 진실이 아니다. 경영은
오묘해서 사장의 능력과 관계없이 잘되기도 한다. 성공하기 위한
요인이 우연히 형성되거나, 시대의 흐름이나 유행을 타고 일부 특
출한 능력이 강하게 부각되어 전체적인 성공을 뒷받침해주면 성
공해버린다.

성공했는가, 아니면 성공해버렸는가?

이는 10년 이상 시간이 지나야 알 수 있다.

대부분의 성공은 우연이다. 하지만 많은 사장이 경영이 조금만 순조롭게 진행되어도 자신의 능력을 과신한다. 웬만큼 성공의 궤도에 오른 듯 보이던 회사가 한순간에 무너지는 원인이 여기에 있다. 어렵사리 디딘 성공을 향한 발판을 스스로 차버린다면 그야말로 안타깝고 어리석은 일이다.

'현재의 성공은 자신의 능력 이상의 행운이다. 그러므로 더욱 노력해야 한다.'

이렇게 자기 자신에게 엄격한 사장만이 10년 후에도 사장의 자리를 지킬 수 있다.

03

겸허함의 위력

귀를 막고 있지는 않은가?

사장의 자리에서 겸허함을 유지하기란 어려운 일이다. 다른 사람이 하는 이런저런 충고나 조언을 겸허하게 받아들이기보다 단호하게 거부하는 편이 '권위'가 서는 듯한 '느낌'이 들기 때문이다. 누구나 권위 있는 사장이 되고 싶어 한다. 이 자체가 나쁘다는 의미는 아니다. 하지만 권위를 향한 욕구를 손쉽게 채우려 하다가 결국 진정한 권위는 얻지 못한다.

권위를 세우려는 욕구가 강한 사장은 그 '느낌'을 얼른 맛보려고 무의식적으로 다른 사람의 의견을 거부하고, 오만한 태도를 취하는 등의 손쉬운 수단을 사용하고 만다. 이런 식으로 자신의 권위를 지키려는 것이다. 하지만 겸허함을 포기하고 다른 사람의 의견을 거부하여 얻은 권위는 거짓이다. 당신의 진정한 모습은 현재의 그것이 아니다. 당신은 더욱더 성장할 수 있다. 당신의 진정한 모습은 지금보다 훨씬 발전된 위치에 있다. 그럼에도 현재의 자신에게 쉽게 만족한다면 안타까운 일이다. 이는 사회적 손실이기도 하다.

사장은 쉼 없이 성장해야 한다. 회사와 사회를 위해서, 자신과 관련된 모든 사람을 위해서, 그리고 자신을 위해서 성장을 거듭해야 한다. 그러려면 먼저 귀를 열어야 한다. 그렇게 함으로써 자기만족이라는 틀 안에 갇히는 우를 범하지 않게 된다.

진정한 권위자는 거부를 통해 얻는 '권위 의식' 따위는 필요 없다. 사실 가장 겸허한 사람이 가장 권위 있는 사람이다.

귀를 닫고 있지는 않은가?

겸허함을 유약함이라고 착각하지는 않는가?

겸허함의 중요성을 잊지 마라.

90점의 유혹

90점에 만족하지 않는가?

90점은 무시무시한 숫자다. 상품 혹은 서비스에 대한 평가가 90점일 때, 제공자(회사)와 수익자(고객)에게 그 숫자의 의미는 다르다. 대부분의 제공자 측은 이 정도에서 만족하고 말지만, 수익자 측은 결코 여기에서 만족하지 않기 때문이다. 돈을 지급할 때 90점으로 충분하다고 생각하는 사람은 없다. 하지만 대부분 제공자는 90점에서 만족해버린다. 사업은 학교 시험과는 완전히 다르다. 90점이면 꽤 잘했다고 생각한다면 오산이다.

또 100점을 받았다고 기뻐해서는 안 된다. 고객은 100점이 당연하다고 생각한다. 사업의 세계에서 100점은 당연한 일이다. 대가를 지급하는 한 고객은 당연히 100점을 기대하기 때문이다. 이 사실을 간과하는 사장이 너무 많다. 그래서 실패한다.

90점에서 '이만하면 충분하지 않나?'라고 생각하지 않는가?

90점에서 만족하지 않는가?

90점의 유혹에 빠지지 않았는가?

90점에 만족하면 마음 편하다.

하지만 여기에서 만족하는 사람은 자신뿐이다. 고객이 아니다. 오늘부터 90점에 만족하려는 안이함을 버려라.

나머지 99%라는 자각

자신이 상위 1%에 속한다고 착각하지는 않는가?

수천 명의 사장을 보면서 알게 된 사실이 있다. 바로 처음부터 성공할 능력을 완벽하게 갖춘 사람은 전체의 '1%'밖에 되지 않는다는 것이다. 즉 나머지 '99%'는 현재 상태로 경영해서는 성공할 가능성이 없다. 실제로 새로 창업한 회사의 90%가 10년 안에 무대에서 사라진다. 그리고 나머지 10%의 회사 중에서도 안정적인 수익 체계를 갖춘 곳은 3, 4개 사에 불과하다. 잔혹하지만 이것이 현실이다.

하지만 대다수 사장은 이 현실을 직시하지 못하며 자신은 상위 1%에 속한다고 생각한다. 그래서 실패한다. 착각으로 인해 마땅히 해야 할 노력을 하지 않게 되기 때문이다. 자신을 변화, 성장시키려는 강한 동력을 갖지 못하기 때문이다. 경영은 이런 사장이 살아남을 수 있을 만큼 만만한 일이 아니다.

적어도 10년은 회사를 지속할 수 있는 사장이 될 때까지는 '자신은 미숙하다'라는 자각을 잊지 마라.

당연함의 기준
당신의 '당연함'은 타당한가?

이 책에서 당신에게 던지는 질문 중에는 당연한 내용도 많다. 하지만 이 '당연함'을 받아들이는 방식은 사장의 수준에 따라 큰 차이가 난다.

지속적으로 성공하는 사장은 당연함을 '실천하는가, 아닌가?' 라는 기준에서 자신을 되돌아본다. 자신에게 매우 엄격한 잣대를 들이대는 것이다.

하지만 성공하지 못하는 사장은 당연함을 '알고 있는가, 아닌가?'라는 기준으로만 생각한다. 자기만족이라는 안이함에 취해 있는 것이다.

이 둘의 차이는 하늘과 땅이다. 당신은 그 차이를 알고 있는가?

당연함이란 당연히 '실천하는' 행동이다. 당연하다고 '알고 있는' 지식이 아니다. 하지만 많은 사장이 이 사실을 깨닫지 못한다. 그래서 아무리 시간이 흘러도 당연하다고 알고 있는 일을 실천하지 못한다.

당연함을 간과하지 않는가?

당연함을 가볍게 여기지 않는가?

당연함에 대응하는 당신의 태도는 타당한가?

점검해보라.

경영 능력의 방향성

능력을 '올바른 방향'으로 발휘하는가?

　칼은 사람을 지키기 위해 사용한다. 하지만 다른 이를 해치기 위해서도 사용한다. '경영 능력'도 마찬가지다. 다른 사람을 행복하게 할 수도, 불행하게 할 수도 있다.

　힘이 강하다고 능사가 아니다. 힘은 무엇보다 방향성이 중요하다. 그러므로 힘을 가진 사람에게는 책임이 따른다. 힘을 '올바른 방향으로만 사용해야 한다'라는 책임이다. 그리고 끊임없이 자신에게 되물어야 한다.

　'내 힘을 올바른 방향으로 사용하고 있는가?'

　'내 힘을 더 나은 사회를 만드는 데 사용하고 있는가?'

'내 힘을 다른 사람을 행복하게 하는 데 사용하고 있는가?'

진정한 힘이란 '힘을 올바른 방향으로만 사용하려는 강한 의지'에서 발휘된다. 당신이 가진 힘은 올바른 방향으로 사용되고 있는가?

힘이 커질수록 자신에게 되묻는 습관을 들여라.

급여는 비용이 아니다

직원의 급여를 '인건비'라고 생각하지 않는가?

직원에게 지급하는 급여는 '비용'이 아니다. 비용이란 회사가 목적을 달성하기 위해 사용한 돈을 말한다. 즉 '수단'이다. 그런 의미에서 급여는 비용이 아니다. 사람은 수단이 아니다. 사람은 다름 아닌 목적이다.

경영을 오래 지속하지 못하는 사장은 쉽게 이런 착각을 한다. 사람은 경영 자원이고 급여는 인건비이며, 사람은 수단이라는 생각이다.

경영은 사람이 사람을 위해 실행하는 사람의 활동이다. **경영과 관련된 모든 사람을 행복하게 하는 구조여야 한다.**

따라서 사람을 도구로만 생각하는 리더의 경영에 사람들이 따를 리 없다.

사람을 도구라고 생각하지 않는가?

급여를 비용이라고 생각하지 않는가?

상식을 뒤엎고 머리가 아닌 가슴으로 물어보라. 사람이 따르지 않는 경영에 미래는 없다.

사장의 급여는 나머지
자신의 급여를 '가장 먼저' 취하지 않는가?

'사장의 급여는 나머지'

이것이 바로 성공을 지속하는 사장의 사고방식이다.

회사 안에서 자신에게 부여된 역할을 완수했을 때 비로소 그에 따른 보수를 받을 권리가 생긴다. 이미 언급했듯, 사장의 역할은 경영이라는 '자신과 관련된 모든 사람을 행복하게 하는 구조'를 오랫동안 지속하기 위해 필요한 '모든 일'을 실천하는 것이다. 하지만 주어진 역할은 다하지 못하면서 자신의 몫만은 챙기려고 하는 사장이 많다. 그래서 실패한다.

자신의 몫을 늘리고 싶다면, 모든 급여와 비용을 지급하고도 나머지가 넘쳐나는 회사로 만들어라. 사장은 그 나머지에서 원하는 만큼 자신의 몫을 챙기면 된다. 연봉이 3억이든, 10억이든 상관없다. 금액에 상관없이 이 나머지가 바로 회사를 이끌어가는 사장의 급여다.

'사장의 급여는 가장 나중에 정한다.'

이를 실천하기란 어렵고 힘들다. 하지만 그렇기 때문에 금액에 상한선이 없으며, 모든 직장인의 꿈이기도 하다.

공사의 구분
공과 사를 명확하게 구분하는가?

　좋은 시기에는 공과 사를 명확하게 구분해야 한다. 힘든 시기에는 공과 사의 구분을 하지 않게 된다. 사장이란 이런 직업이다. 예컨대 자금을 빌리거나 어떤 계약을 할 때, 사장은 연대 보증인 자격으로 개인 보증을 서야 하는 경우가 많다. 본래 회사라는 법인과 개인은 별개의 존재다. 모든 업무를 개인 보증으로 처리한다면 법인이라는 의미가 사라진다.

　하지만 현실적으로는 그렇지 못하다. 사장은 개인으로서 모든 책임을 떠맡는다. 이것이 공사 혼동이다.

　그렇다고 해서 사장에게 유리한 부분에서만 공사 혼동을 활용해서는 안 된다. 공과 사의 구분이 명확하지 않은 회사는 사장 개인은 편할 수도 있지만 다음의 두 가지 부정적인 요소가 발생한다. 그리고 이 두 요소 때문에 결국 문을 닫는 회사가 많다.

1. 직원의 사기가 떨어진다.
2. 분식회계로 자금 운영이 불투명해진다.

회사의 소유자는 사장일지 모른다. 하지만 회사는 수많은 사람과 밀접한 관계를 맺으며 존재하는 '공유물'이기도 하다.

공사 혼동을 하지는 않는가?

회사를 '사유물'로 여기지 않는가?

회사는 '공유물'이다. 이렇게 생각하는 사장이 살아남는다.

진정한 고객 제일주의

최고를 목표로 하는가?

'고객 제일주의'와 같은 경영방침을 내세우는 회사는 많다.

'최고가 되겠습니다' 이러한 경영방침을 내세우는 회사는 적다.

그런데 좀 이상하다. 아직 최고가 아닌 회사에서는 시장과 고객에게 최고가 아닌 상품을 제공하는 셈이기 때문이다.

시장에는 다른 회사에서 생산된 우수한 상품들이 널렸는데 최고가 아닌 자사의 상품을 제공하고 광고하는 행위가 고객을 위한 것일까? 그것이 과연 고객 제일주의일까?

진정으로 고객을 우선한다면 시장에서 가장 우수한 상품을 이용하게 해야 할 것이다. 그러므로 **최고가 아닌 상품을 시장**

에 제공하는 행위는 고객 제일주의에 어긋난다. 그렇지 않은 가? 하지만 많은 사장은 이 사실을 외면하려 한다. 최고가 되기를 포기한다.

하지만 포기해서는 안 된다.

타협해서도 안 된다.

고객을 생각한다면 죽을힘을 다해 최고가 되어야 한다. 이것이 진정한 고객 제일주의이다.

성공은 균형 안에 있다

균형을 유지하고 있는가?

'성공은 균형 안에 있다'

평범한 말이지만 이것이 현실이다. 하지만 많은 사장이 착각한다. 특별한 무언가를 '성공 요인'이라고 생각한다. 분명히 특별한 요소가 중요하게 작용하기도 한다. 하지만 특별함이 성공의 지속을 보장하지는 않는다.

지속적인 성공을 약속하는 것은 다름 아닌 '균형'이다.

하지만 많은 사장이 특별하고 화려한 부분에만 주목하기 때문에 쉽게 착각에 빠진다.

언론매체 등에서 성공한 회사를 소개할 때도 시청자의 흥미를 끌기 위해 특별한 요소만 부각해 소개하는 일이 허다하다. 그 결과 단순하게 해당 요소만 보고 '특별한 부분=성공 요인'이라고 결론지어버린다. 하지만 안타깝게도 경영은 그리 단순하지 않다.

균형 감각을 유지하는가?

특별한 부분만 지나치게 의식하지 않는가?

점검해보라.

성공은 사장의 최종 조건
당신의 일상을 지탱해주는 사람에게 감사하는가?

여러 차례 강조했듯, 경영은 사람이 사람을 위해 하는 사람의 활동이다. 그래서 장기적으로는 사람을 소중하게 여기는 사람이 성공한다. **작은 성공이나 탐욕, 그릇된 자만심으로 주변 사람을 무시하고 있지는 않은가? 당신의 일상을 지탱해주는 사람들을 업신여기지는 않는가?**

물이나 공기처럼 소중한 것은 당연하게 여기게 된다. 하지만 그것을 가볍게 다루는 사람은 언젠가 무시무시한 대가를 치른다. 주위 사람을 소중하게 생각하라. 무언가를 성취하려는 리더라면 반드시 명심해야 할 내용이다.

주위 사람들이 존재하기 때문에 자신이 있음을 잊지 마라.

그러기 위해서는 먼저 감사하라.

'감사할 수 있는 능력'을 익혀라.

그렇다면 오늘은 가장 가까이에 있는 사람에게 '고마워'라는 한 마디를 건네 보라.

사장의 정신력

14

성공의 정석

성공적인 경영이란?

성공의 목적은 행복이다. 경영의 목적도 마찬가지이다. 경영에 관련된 모든 사람이 행복해져야 한다. 돈을 벌고 성장하고 유명해지는 일 모두 경영에서 중요하지만, 이는 수단에 불과하다.

하지만 많은 사장이 이 목적과 수단의 경계선을 점차 망각한다. 결국 수단이 목적이 되고, 경영의 주목적인 사람과 행복이 밖으로 밀려난다. 아무리 수단을 손에 넣어도 당신과 회사에 관련된 사람들이 행복해지지 않으면 회사를 경영하는 의미가 없다.

경영 목적을 잊지는 않았는가? 수단이 목적이 되지는 않았는가? 깊이 생각해보라.

장사의 정석

장사를 천한 일로 여기지 않는가?

'장사≒천한 일'

안타깝게도 장사를 천하게 여기는 사회 풍토가 있다. 이러한 분위기는 바람직하다고 할 수 없다. 장사가 중요한 일이라는 것은 역사도 증명하고 있지만 사람들은 무의식적으로 사회 인식의 영향을 받는다.

사장 또한 예외가 아니다. 실제로 경영에 성공하지 못한 사람을 살펴보면 장사는 천한 일이라는 의식이 뿌리 깊게 자리 잡고 있는 경우가 많다.

아무리 사장이 유능하고 유망한 사업이라도, 자신이 하

는 일을 천하게 여긴다면 그 일을 지속하기 어렵다. 결국 일에 자신의 모든 정열을 쏟아붓지 못한다. 이는 무거운 아령을 들고 마라톤을 하는 것이나 마찬가지다. 즉 쉽게 피폐해진다.

장사를 천하거나 부끄럽게 여기지 않는가?

사회적인 분위기에 휩쓸리지 않았는가?

자신에게 되물어보라. 그리고 마음을 다잡아라. 그러면 다음과 같은 사실을 깨닫게 될 것이다.

'장사는 사람에게 도움을 주는 일이다', '장사는 사람을 기쁘게 하는 일이다.'

장사를 긍정적으로 생각하는 순간부터 모든 것이 달라질 것이다.

돈으로부터의 도망

돈에서 도망치지 않는가?

"돈은 다음 문제야."

이렇게 돈을 가볍게 말하는 사장은 틀림없이 자금에 쫓기고 있다.

돈은 벌기도, 다루기도 쉽지 않다. 그래서 많은 사장들이 돈에서 도망치려고 한다. 돈을 악역으로 내세워 자신을 정당화하려고 한다. 그리고 실패한다.

말했다시피, 경영의 목적은 돈을 버는 것이 아닌 관련된 사람들을 행복하게 하는 것이다. 하지만 경영을 지속하려면 돈에 철저해져야 한다.

돈에서 도망치려고 하지 않는가?

돈을 중시하는 태도는 천박하다고 생각하지 않는가?

경영에서 돈은 결코 피할 수 없는 중대한 요소다.

돈과 정면으로 마주서서 돈의 본질과 중요성을 깨닫고 진심으로 돈의 가치를 말할 수 있는 사장이 돼라.

일곱 가지 정신적 장벽

'심리적 제동 장치'의 존재를 아는가?

모든 사람은 자신이 깨닫든 깨닫지 못하든 마음속에 수많은 제동 장치를 장착하고 있다. 그 '심리적 제동 장치'를 '정신적 장벽(mental block)'이라고 한다.

정신적 장벽은 확신에서 비롯한 것이다. 과거의 경험을 통해 옳다고 믿게 된 사고방식이다. 하지만 과거에 옳았던 사고방식이 시간이 지나면서 시대에 뒤처지기도 한다. 과거 자신을 지탱해주었던 사고방식이 영원한 버팀목이 되지 못할 수도 있다.

그럼에도 많은 사람은 과거의 사고방식에 얽매여 있다. 특히 사고력이 미숙한 시절 정립한 사고방식은 성인이 된 후에도 우리를 꽉 잡고 놓아주지 않는다. 뇌리에 깊이 새겨져 버린다.

'이제는 걸림돌이 된 사고방식'을 과감하게 잘라버리기만 해도 단숨에 성장할 수 있다. 이는 생각의 차원이 달라지는 엄청난 변화다. 정신적 장벽의 존재를 의심해보라.

사장이라면 다음 '일곱 가지 정신적 장벽'을 체크하자.

1. 장사는 천하다고 생각하지 않는가?

2. 돈을 밝히는 태도는 나쁘다고 생각하지 않는가?

3. 돈을 더럽다고 생각하지 않는가?

4. 나만 행복해서는 안 된다고 생각하지 않는가?

5. 좋아하는 일을 해서는 안 된다고 생각하지 않는가?

6. 다른 사람과 다르게 행동해서는 안 된다고 생각하지 않는가?

7. 두 가지 이상을 한꺼번에 얻어서는 안 된다(희생의 법칙)고 생각하지 않는가?

사회공헌의 힘

'사회공헌'을 진지하게 생각하는가?

'나만 잘되면 된다.'

이런 경영 방식이나 삶의 형태는 얼핏 강해 보이지만, 그 안은 부실하기 짝이 없다.

분명히 자의식은 에너지의 원천이 될 수 있다. 욕망이나 공포에 뿌리를 둔 동기는 강하다. 하지만 자의식에서 나오는 에너지만으로 달리다 보면, 시간이 흐르면서 한계에 부딪히거나 에너지원이 고갈되어 도중에 멈춰서고 만다.

그 이유는 다음과 같다. 먼저, 사람은 사회라는 인간관계 속에서 살아가며, 관계는 비즈니스에서도 중요한 열쇠 중 하나이기 때문이다. 또 사람에게는 본래 다른 사람을 배려하는 마음이 잠재해 있기 때문이다.

타인과 사회를 위해 노력하고 공헌하는 자신을 자각하면 신기하게도 새로운 힘이 솟는다. 그리고 진심으로 타인을 배려하고 사회에 봉사하겠다는 각오를 다지고 꾸준히 실천해나가는 사람에게는 늘 '행운'이 따르는 법이다.

비즈니스에서도 마찬가지이다. 타인을 배려하고 사회에 공헌하는 경영을 할수록 에너지를 얻을 것이다. 그리고 그 에너지는 결국 회사를 더 성장시킬 것이다. 사장은 '사회공헌'을 진지하게 생각할 필요가 있다.

약자라는 자각

'약자라는 자각'은 있는가?

사업을 시작한 사람들 중에는 인재가 많다. 실제로 많은 사람이 대기업에서 쌓은 경험과 우수한 실적을 바탕으로 사업에 도전한다. 하지만 그중 대부분이 실패한다. 이는 실로 안타까운 일이며 사회적인 손실이기도 하다.

경험과 능력을 갖춘 인재들이 사업에 실패하는 의외의 이유는 바로 '약자라는 자각'을 못해서이다. 약자라는 자각이 없는 경영 초보자는 자신이 처한 현재 상황을 정확하게 이해하지 못한다. 그리고 착각에 빠진 채 이전까지 자신이 몸담았던 대기업의 전략, 강자의 전략으로 경영한다.

당연히 제대로 될 리 없다. **약자에게는 약자의 생존 방식이 있다. 당신은 우수하다. 분명히 강자이기도 할 것이다. 하지만 당신이 시작한 회사는 그렇지 않다. 약자 이외의 그 무엇도 아니다.**

이 사실을 깊이 자각하라. 이것이 성공을 향한 큰 첫걸음이다.

사람을 알려는 노력

'사람'을 알려고 노력을 하는가?

경영은 사람이 사람을 위해서 하는 사람의 활동이다. 그래서 사람에 관한 일을 깊이 이해하는 사람이 성공한다. 하지만 많은 사장은 경영에서 표면적인 부분만 좇으면서 '사업이 잘 풀리지 않는다'라며 고민한다. 그래서 실패한다.

사람을 깊이 알려는 마음이 있는가?

사람을 알려고 노력하는가?

'사람'에게 깊은 애정과 강한 관심을 가지고 그 사람을 이해하려는 노력을 계속하는 사람만이 비즈니스 세계에서 성공하고 살아남는다.

긍정적인 위기감

'위기감'을 '발판'으로 삼는가?

좋아하는 일을 하면 성공한다, 잘하는 일을 하면 성공한다. 분명 이런 경우도 있다. 하지만 모든 성공에 해당하는 말은 아니다.

물고기가 진화하여 현재의 사람이 되었다는 진화론을 예로 들어보자. 진화 과정에서 물고기는 과연 스스로 좋아서 물속에서 육지로 뛰쳐나왔을까? 육지가 안락해 보여서 물 밖으로 나왔을까?

그렇지 않다. 그들은 변화에 필사적으로 대응했을 뿐이다. 위기감을 느꼈기 때문에 물속 이외의 다른 환경에 도전했고, 그 결과 비약적으로 진화했다. **진화와 성장을 이끈 것은 안락함이**

아니라 위기감이었다.

경영은 일단 성공궤도에 오르면 꽤 안락하다. 그래서 많은 사장이 여기에 안주한다. '잘 굴러가고 있으니 괜찮을 거야'라며 안도하다가 실패한다.

하지만 성공을 지속하는 사장은 당장 내일 회사가 문을 닫을 수도 있다는 위기감을 항상 마음 한 구석에 품고 있다. 성공을 거듭할수록 위기도 잦은 법이다. 그러므로 안락함은 위기에 대한 경보이기도 하다.

위기감을 느끼는가?

안락함에 눈이 멀어 '위기 경보'를 놓치고 있지는 않는가?

수시로 점검하자. '긍정적인 위기감'을 유지하라.

우위성의 근원

누구나 할 수 있는 일을 누구도 할 수 없을 만큼 하는가?

'우위성'을 구축하는 것은 비즈니스 세계에서 무엇보다 중요한 항목이다. 하지만 자유주의 경제 체제에서 우위성을 유지하기란 쉽지 않다. 그럼에도 지속적으로 우위성을 유지하는 회사에는 특별한 비법이라도 있을까?

얼핏 보면 특별한 비법이 있는 듯하다. 하지만 자세히 살펴보면 정말 색다른 무언가를 하는 회사는 드물다.

우위성을 유지하는 회사가 하는 일은 누구나 할 수 있는 일이다. 차이는 바로 그것을 누구도 할 수 없을 만큼 철저하게 실천한다는 점이다. 특별한 비법은 없다. 특별한 방식으

로 실천할 뿐이다. 모든 회사에서 할 수 있는 일을 어떤 회사도 할 수 없는 수준으로 지속할 뿐이다. 이것이 바로 우위성을 구축하는 근원이다.

아무도 모르는 비법이나 특별한 무언가를 해야 한다고 생각하지 않는가?

누구나 할 수 있는 일을 누구나 할 수 있는 수준에서 만족하고 있지 않는가?

다른 회사에서 10번 하는 일을 100번 하면 된다.

다른 회사에서 1년 하는 일을 10년 하면 된다.

이렇게만 하면 누구나 최고가 될 수 있다.

성장 곡선의 구조
성장 곡선 구조를 알고 있는가?

성장은 어느 날 갑자기 이루어진다.

외국어 공부나 운동을 하다 보면, 정체되다가 어느 시기에 급격히 실력이 향상하는 경험을 하게 된다.

'어느 시기부터 안개가 걷히듯 분명하게 보이기 시작했다'

'어느 시기부터 단숨에 경영이 궤도에 오르기 시작했다'

이런 시기가 찾아온다.

성장 곡선은 완만한 상승 곡선을 그리지 않는다. 어떤 경계점을 넘어서면 급격하게 상승한다. 그런데 그 '어느 시기' 직전에 고된 시련기가 잠복해 있을 때가 많다. 그래서 많은

사람이 이 시점에서 포기해버린다.

동트기 직전이 가장 어둡다. 하지만 동이 튼다는 사실을 안다면 견딜 수 있다. 당신 회사의 여명이 어쩌면 바로 코앞에 와 있을지 모른다.

그러니까 조금만 더 힘을 내자.

비즈니스 설계도

비즈니스를 설계하고 있는가?

당신이 집을 지으려 할 때 건축가가 "저는 설계도를 그리지 않습니다.", "저는 설계도 없이 집을 지을 겁니다."라고 말한다면 당신은 어떤 생각이 들겠는가?

설계도 없이 집을 제대로 지을 수 있는 사람은 없다.

그런데 우려스럽게도 경영의 세계에서는 '설계도 없이' 사업을 하는 사례가 다반사다. 많은 사장이 '비즈니스 설계도'를 그리지 않는다. 수많은 경영이 실패하는 것은 이런 의미에서 당연하다고 할 수 있다.

비즈니스 설계도를 그리지 않은 사장이 경영하는 건, 건

축 설계도를 그리지 않은 건축가가 집을 짓는 것처럼 위험하고 무모하다.

우연히 만들어진 회사도 있다.

우연히 성공하는 회사도 있다.

하지만 우연히 성공을 지속하는 회사는 없다.

지속적인 성공은 우연으로 이루어지지 않는다.

'비즈니스 설계도'를 그려라.

설계자의 자각

설계자로서 매일 훈련하는가?

'성공하는 사장'과 '실패하는 사장'의 차이는 매일 먹는 점심에서 결정된다.

성공하는 사장은 처음 가는 음식점에서 점심을 먹을 때 그 가게의 '좌석 수'와 '객단가(고객 1인당 평균 매입액-역주)', '회전율'을 계산한다. 그리고 가게 면적과 근처 부동산 시세를 근거로 임대료를 산출하고, 적정한 월 매출액을 추정한다.[1] 그뿐 아니라, 주방과 홀에서 일하는 직원의 수를 어림하여 인건비를 계산하고 월고정비용을 추정하여 BEF(손익분기점)을 파악한다.[2]

믿지 못하겠지만 성공하는 사장은 한 번의 점심식사에서

그 가게의 '70%'를 파악한다.

물론 식사는 즐거워야 한다. 상대방과의 대화도 중요하다. 하지만 비즈니스 설계자라면 테이블로 음식이 도착하기 전 10분, 동행자가 화장실에 간 5분 동안 이 가게가 잘되는 이유나 이 가게에 손님이 없는 이유가 무엇인지를 생각하라. 매출은 어느 정도이며, 비용은 또 얼마나 드는지, 이익이 나는지를 파악하라.

지속적으로 성공하는 사장은 이런 식으로 매일 훈련한다.

---

1   음식점 경영에서 가게 임대료는 2~3일 매출액을 넘어서는 안 된다는 것이 상식이다. 즉 임대료÷2 또는 3을 일일 매출액으로 짐작할 수 있다.
2   음식점 원가율(대개 33%), 음식점 평균 급여와 노동분배율을 알면 BEF는 쉽게 계산할 수 있다. 노동분배율(%)=인건비÷매상고×100이 40% 이하인 상태가 이상적이지만, 최근에는 50% 이하면 일단 합격점으로 본다.

전문가의 기술

'기술'을 연마하는가?

당신의 소중한 사람이 매우 심각한 병에 걸렸다고 하자. 이때, 그의 수술을 담당할 의사를 선택해야 한다. 친절하고 설명도 잘해주지만 성공 확률(=기술)은 50%인 의사와, 무뚝뚝하고 설명도 잘해주지 않지만 성공 확률(=기술)은 99%인 의사가 있다.

당신은 소중한 사람의 중요한 수술을 어떤 의사에게 맡길 것인가?

답은 이미 정해져 있다. 의사에게 가장 중요한 것은 다름 아닌 '기술'이다. 아무리 깊은 애정이 있어도, 아무리 친절해도, 기술이 없으면 사람의 생명을 구하지 못한다. 그래서 전문가는 매일 자신을 단련하고 훈련해야 한다.

사장도 마찬가지다. 사장은 사회의 현재 수요와 잠재 수요에 적극적으로 대응하는 활동을 통해 사람들을 구한다. 그러므로 이 분야에 관련된 기술을 철저하게 갈고닦아야 한다.

가족이나 친구 혹은 소중한 사람이 당신의 비즈니스나 도움을 필요로 할 때 자신 있게 "나한테 맡겨!"라고 말할 수 있는가?

진심으로 그리고 당당하게 이 한 마디를 내뱉을 수 있을 때까지 기술을 연마하라.

경영의 3대 요소

경영에 필요한 '세 가지 능력'을 갖추었는가?

경영 능력은 기본적으로 다음 세 가지 요소로 성립된다.

1. 상품력 = 상품을 만들어내는 능력

2. 영업력 = 상품을 판매하는 능력

3. 관리력 = 모든 경영 활동을 원활하게 관리하는 능력

경영 능력은 이 요소들을 '곱하여' 결정된다.

경영 능력 = 상품력×영업력×관리력

그런 까닭에 한 요소가 '0'이 되면 전체도 '0'이 되고 만다. 이 세 가지 능력을 체크하면 자신의 경영 능력을 가장 간단하게 진단할 수 있다.

당신의 회사는

어떤 요소가 강한가? 액셀 역할을 하는가?

어떤 요소가 약한가? 브레이크 역할을 하는가?

전체적으로 점검해보라.

경영의 12분야
'경영의 12분야'를 점검하는가?

차는 정기적으로 '차량 검사'를 한다. 그래서 위험한 상태로 달리는 차가 적다. 하지만 회사에는 정해진 '기업 검사'가 없어서 위험한 상태로 내달리는 회사가 많다.

차량처럼 회사도 사람에게 미치는 영향력이 있다. 사람에게 도움을 주기 위해 만들었지만 도리어 사람에게 해를 끼치기도 한다. 그럼에도 회사의 위험 정도를 점검하는 장치가 없다.

그런 까닭에 사장은 스스로 자신의 회사를 꼼꼼하게 점검해야 한다. 실패가 잦을 때, 성장이 멈추었을 때, 명확한 이유 없이 회사 운영이 삐걱거릴 때 '경영의 12분야'를 점검해보라.

1. **미션** 구성원이 완수해야 할 임무는 있는가? 명확한가? 제대로 전달되고 있는가?

2. **포지셔닝** 시장에서 차지하는 정확한 위치를 아는가? 독창성이 있는가?

3. **상품력** 상품가치는 있는가? 절대가치와 상대가치가 있는가?

4. **브랜드력** 회사와 고객이 고객 사이에 접점은 있는가? 생애가치가 높은가?

5. **고객 모집력** 홍보하기 위해 노력하는가? 자사를 노출시키는가?

6. **잠재 고객 발굴** 흥미를 보이는 고객을 꾸준하게 관리하는가?

7. **세일즈** 전문적인 지식을 갖추고 제품 판매에 임하는가?

8. **단골고객화** 고객 중 단골은 있는가? 단골에게 성실하게 대응하는가?

9. **경리, 재무** 분식회계를 하지 않는가?

10. **팀만들기** 사업관을 공유하는가? 팀의식은 있는가?

11. **조직화** 조직적인 발상을 하는가? 조직을 만들었는가?

12. **투자** 미래를 위해 투자하는가? 자기투자를 하는가?

이 12가지를 점검하는 것만으로도 경영은 비약적으로 안정된다.

성장 무대와 3대 요소의 우선순위

무대에 맞는 우선과제를 도입하는가?

회사가 성장하는 단계가 있다. 크게 3단계로 나눌 수 있으며 무대 또한 3개로 나누어진다.

제1무대 – 창업기(도입기)

제2무대 – 성장기

제3무대 – 완성기(성숙기)

명심해야 할 것은 무대에 따라 사장이 갖춰야 할 '무대 장치가 달라진다' 점이다. 그런데 실패가 많은 사장은 이 사실을 모른다.

창업기에 완성기에 해야 할 일을 해서는 안 된다.

성장기에 창업기에 해야 할 일을 해서는 안 된다.

완성기에 성장기에 해야 할 일을 해서는 안 된다.

회사의 성장 단계에 따라 사장이 우선시해야 할 과제도 달라지는 법이다. **자신이 현재 어떤 무대에 서 있는가? 중심과제, 우선과제는 무엇인가? 정확하게 파악하여 무대에 맞는 조치를 취하도록 하라.** 레스토랑을 예로 들어보자.

• 3가지 성장 무대

1 – 개업 후 첫 번째 가게가 성공하도록 공을 들이는 시기
   (=창업기)

2 – 성공한 첫 번째 가게를 바탕으로 체인점을 늘려가는 시기
   (=성장기)

3 – 체인점을 통해 알려진 이름을 바탕으로 브랜드화하는 시기
   (=완성기)

기본적인 성장 단계는 사업의 종류와 관계없이 크게 다르지 않다. 각 무대에 맞는 우선 과제와 우선순위를 '경영의 3대 요소'와 '재무 3표'로 점검하라.

- **우선과제 – 경영의 3대 요소**

1. 창업기에 중요한 것은 **상품력 〉 영업력 〉 관리력**

2. 성장기에 중요한 것은 **영업력 〉 관리력 〉 상품력**

3. 완성기에 중요한 것은 **관리력 〉 상품력 〉 영업력**

- **우선과제 – 재무 3표**

1. 창업기에 중요한 것은 **CF 〉 PL 〉 BS(특히 예금 잔고)**

2. 성장기에 중요한 것은 **PL 〉 CF 〉 BS(특히 매출)**

3. 완성기에 중요한 것은 **BS 〉 CF 〉 PL(특히 자기자본비율)**

※ CF=현금 흐름 계산서, PL=손익계산서, 대차대조표

커뮤니케이션 능력
'커뮤니케이션 능력'을 꾸준히 연마하는가?

경영은 '관계'를 만드는 활동이다. 관계된 사람을 늘리고 그들과 더욱 긴밀해지는 일이 바로 경영이다. 관계를 구축하는 데 필수불가결한 능력이 바로 '커뮤니케이션 능력'이다.

하지만 성공하지 못하는 많은 사장은 소통에 서툴다는 평계로 소극적인 자세를 보인다. 동시에 자신의 커뮤니케이션 능력이 충분하다고 과신한다. 그 때문에 경영의 기본을 구축하지 못한다.

수준 높은 커뮤니케이션 능력이 바탕되어야 더욱 긴밀한 관계를 만들 수 있다. 중요한 것을 전달하고 또 얻기 위해 커뮤니케이션 능력을 길러라.

정보 전달의 어려움
내용이 제대로 전달되었는가?

어떤 내용을 정확하게 전달하기란 상상 이상으로 어렵다. 그런데 전달의 어려움을 제대로 이해하는 사람은 드물다. 그래서 전달해야 하는 내용을 정확하게 전할 수 있는 사람도 드물다.

예를 들어 당신이 직원들에게 "좀 더 분발해주게."라고 말했을 때 어떤 사람은 100번을 하고 어떤 사람은 30번만 한다. 그리고 아주 드물게 150번을 하는 사람도 있다.

야구에서는 '투수가 던진 공'과 '포수가 받는 공'이 동일하다. **하지만 언어를 통한 의사전달에서 '투수가 던진 공'과 '포수가 받는 공'은 색과 형태가 모두 달라져 버린다.**

사장은 이 사실을 진지하게 이해해야 한다. 또 전달 내용이 제대로 전해지지 않았을 때에 상대방의 책임으로 돌려서는 안 된다. 이는 어디까지나 전달하는 쪽의 책임이라고 생각해야 한다.

자신의 의도가 100% 전달될 것이라 믿고 있지 않는가?

모호한 표현은 하지 않는가?

특히 직원들에게 말할 때는 표현이 한층 모호해지는 경향이 있으므로 주의하라.

문자의 힘
문자로 전달하는가?

성공하는 사장은 '말'로 전달하려고 한다. 성공을 지속하는 사장은 '문자'로 전달하려고 한다. 이 둘의 차이는 무엇일까? **지속성**과 **파급성**이다.

말은 바로 앞에 있는 상대방에게만 전달되지만, 문자는 아직한 번도 만난 적이 없는 수많은 사람은 물론 미래에까지 도달한다. 하지만 문자로 바꾸는 작업은 간단하지 않다. 그래서 많은 사장은 말로 전달하는 단계에서 마무리하고 만다.

물론 말도 중요하다. 육성으로만 전달되는 감정과 느낌도 있다. 하지만 성공을 지속하는 사장이 되려면 말만으로는 부족하다. 당신의 말은 앞으로 당신이 만나려는 사람에게는 전달되지 않는다.

당신의 말은 미래까지 도달하지 못한다. 하지만 문자는 가능하다.

문자로 바꾸는 작업을 소홀하게 여기지 않는가?

문자로 바꾸는 작업을 귀찮아하지 않는가?

당신의 말을 문자로 바꿔라.

엘리베이터 피치(Elevator Pitch)

자신의 사업을 1분 안에 설명할 수 있는가?

성공하는 사장은 자신의 사업을 몇 시간 동안이든 설명할 수 있다. 하지만 긴 설명으로 주위 사람들을 질리게 한다.

성공을 지속하는 사장은 자신의 사업을 '1분 안'에 설명할 수 있다. 간결하고도 명확한 설명으로 신뢰를 얻어 자신의 지지자를 늘려간다.

자신의 사업을 1분 안에 설명할 수 있는가?

1분 안에 사람의 마음을 움직이는 설명을 할 수 있는가?

불가능하다면 사장 본인이 자신의 사업을 제대로 파악하지 못했기 때문이다. 자신의 사업을 정확하게 이해하지 못하면 설명이 장황해진다. 1분 안에 설명할 수 없는 사업을 다른 사람들이 이해하고 소개해줄 리 없다.

'단 1분 안에 사람의 마음을 흔들어놓을 수 있을 만큼' 설명하라.

바쁘다는 면죄부

'바쁘다'를 핑계 삼지 않는가?

"바빠서 못 해."

정말 자주 듣는 말이지만, '바빠서'가 '경영을 미숙하게 해도 좋다'는 정당한 이유가 될 수는 없다.

사실 사장은 정신없이 바쁘다. 경영의 모든 영역을 책임져야 하며 안심하고 일을 맡길 조직이 없는 경우가 대부분이므로 당연히 바쁠 수밖에 없다.

하지만 일상 업무의 다망함을 핑계로 삼는다면, 경영은 영원히 달라지지 않는다. 아무리 시간이 지나도 제자리걸음 이다.

바쁘다는 핑계를 버려라.

바쁘다는 방패막이를 내던져라.

그리고 경영이 견고하게 뿌리내릴 수 있도록 매진하라.

경영의 뿌리를 견고하게 만드는 작업은 간단하지 않다. 그래서 많은 사장이 일상적인 업무로 도피한다. 그리고 그곳에 갇혀 나오지 못한다.

이렇게 되지 않으려면 먼저 '바빠서'라는 핑계부터 단호하게 잘라 버려라.

지속적으로 성장하는 사람의 특징

'민첩함'이 몸에 배여 있는가?

사장은 지속적으로 성장해야 한다. 사장이 성장하지 않으면 회사의 안정이나 성장 또한 기대할 수 없기 때문이다. 그렇다면 어떤 사람이 지속적으로 성장할까? **지속적으로 성장하는 사람의 큰 특징 가운데 하나가 '첫 발이 빠르다'는 점이다.**

성장을 계속하는 사람은 잘 안다.

미래는 행동으로만 만들어진다는 사실을

이 행동이 쌓이고 쌓인 자리에 비로소 자신이 꿈꾸는 미래가 존재한다는 사실을

성장을 계속하는 사람은 잘 안다.

시간은 유한하다는 사실을

인생은 한 번 가면 되돌아올 수 없는 편도행 티켓으로 가는
여정이라는 사실을

그래서 재빨리 행동한다.

실패하는 사람

'실패하는 사람'이 되지 않았는가?

세상에는 결코 할 수 없는 일도 있다. 아무리 열심히 해도, 아무리 시간을 쏟아도 불가능한 일도 있다.

하지만 사업에 성공하려면 기본적으로는 누구나 할 수 있는 일만 하면 된다. 그런 까닭에 '할 수 있는 일을 하지 못하는 사람'이 실패한다.

성공은 '할 수 있는가, 없는가'로 결정되지 않는다. '실천하는가, 하지 않는가'로 판가름 날 뿐이다.

할 수 있는 일을 소홀히 하지 않는가?

할 수 있는 일을 하지 않고 고민하지 않는가?

실천하지 않고 그저 할 수 없다며 단념하지 않는가?

먼저 할 수 있는 일을 철저하게 실천하라. 그리고 정말 할 수 없는 일이 하나도 없다면 당신은 이미 성공한 것이다.

일석삼조의 행동술

행동 하나에 두 가지 이상의 의미를 담고 있는가?

지속적인 성공을 하는 사장은 효율이 좋다. 같은 노력으로도 남보다 몇 배의 결과를 거둔다. 이유가 무엇일까? 비밀은 바로 행동술에 있다.

성공을 계속하는 사장은 하나의 행동으로 둘 이상의 효과를 산출하는 '원 액션 멀티 리턴(One action Multi return)을 항상 염두에 둔다.

하지만 효율이 떨어지는 사장은 한 행동에 한 가지 효과밖에 고려하지 못한다. 둘 이상의 효과를 계산하지 못한다. 그래서 '원 액션 원 리턴(One action One return)'이 되고 만다. 이 차이는 시간이 지나면서 압도적인 차이로 되돌아온다.

'사회공헌 활동을 하면서 직원 교육도 겸할 수 없을까?' 혹은 '고객만족도를 높이는 동시에 회사 인지도 향상에 도움을 줄 수 없을까?' 같이 하나의 행동에 둘 이상의 의미를 고려하는가?

효율이 나쁜 사장은 원 액션 원 리턴.

효율이 좋은 사장은 원 액션 멀티 리턴.

'원 액션 멀티 리턴'을 명심하여 초고속으로 성장해가자.

38

38

효율보다 효과

효율을 높이려 하지 않는가?

경영에서 가장 우선적인 것은 '효과'이다. '효율'이 아니다. 효과가 나타나 성과를 거두지 못하면, 아무리 효율이 좋아도 소용없기 때문이다.

매출이 100만 원밖에 되지 않는 단계에서 아무리 효율을 높여봐야 경영에 미치는 효과는 극히 미미하다. 그러므로 우선 100만 원을 1,000만 원으로, 1,000만 원을 1억 원으로 만들어야 한다. 이 단계에서는 '효율성'보다 '효과성'이 우선순위다. 따라서 성과가 나올 때까지는 어떤 종류의 투자(Input)도 줄여서는 안 된다.

그런데 성급한 사장은 이 부분을 착각한다. 충분한 성과가 나오기 전에 '효율성'을 고려하여 투자를 줄인다. 이런 경영 방식으로는 자신이 원하는 성과까지 도달하기 어렵다.

효율을 높이려 하지 않는가?

효과를 내기 전에 투자를 줄이지 않는가?

'성과(Output)'가 없는 효율은 의미가 없다. 효율적이지 않아도 좋다. 촌스러워도 좋다. 성과부터 올려라.

작은 약속
'작은 약속'을 지키는가?

일이란 다른 누군가가 내게 맡긴 임무이다. 따라서 '맡겨도 되겠다'라는 신뢰를 얻을 수 있는 사람만이 일을 얻는다.

회사는 다양한 일을 맡는 장소다. 그래서 '일을 맡겨도 될 만한' 사람들의 집합체여야 한다. 당연히 그 최고 위치에 있는 사장은 일을 맡겨도 되겠다는 신뢰를 얻을 수 있는 인물이어야 한다.

하지만 사장이 되어 사업이 조금 잘되기 시작하면 어느새 일과 관계된 작은 약속을 가볍게 여긴다. 그리고 작은 약속을 어긴다.

착각하지 마라. 우리는 사장이기 때문에 사장을 신뢰하는 것이 아니다. 성공했기 때문에 사장을 신뢰하는 것이 아

니다. 작은 약속을 변함없이 지켜가기 때문에 그들을 신뢰하는 것이다.

신뢰는 한순간에 이루어지지 않는다. 조금씩 쌓여가는 법이다. 하지만 그 신뢰가 무너지는 것은 한순간이다. 지속적인 성공을 하는 사장은 이 사실을 두려울 만큼 잘 안다. 그래서 작은 약속에도 최선을 다한다.

작은 약속을 지키는가?

작은 약속을 지키기 위해 큰 노력을 하는가?

자신의 행동을 되돌아보라.

위기의 순간에 해야 할 일

14시간 이상을 일에 투자하는가?

사업을 하다 보면 위기의 순간이나 아무리 해도 사업이 잘 풀리지 않는 시기가 찾아오기 마련이다. 지속적인 성공을 하는 사장도 피할 수 없는 시기이다.

이런 때에는 무엇을 해야 할까? 어떻게 하면 해결할 수 있을까? 답은 아무도 모른다. 당신에게 주어진 과제는 오직 당신만이 해결할 수 있다.

하지만 단 한 가지 확실한 사실이 있다. 성공을 지속하는 사장은 이 사실을 알기에 성공을 거듭할 수 있다. 그것은 바로 '시간을 투자하는' 방법이다.

위기의 순간, 방황의 순간에 가장 먼저 해야 할 일은 절대적인 시간을 투자하는 것이다.

하루에 적어도 14시간은 일에 투자하라. 역경 없이 성공을 거듭하는 사장은 없다. 지속적으로 성공하려면 몇 번이고 위기를 넘어서야 한다. 그때마다 바로 시간이 당신의 편이 되어줄 것이다.

14시간 이상 일하는가?

14시간을 충실히 경영에 쏟아붓는가?

14시간 이상 일하면 판가름이 난다. 즉, 이런 단순한 실천이 세상을 변화시킨다. 효과적인 14시간은 다른 사람의 업무 시간 2배에 해당한다. 다른 사람의 2배만큼 일하면 대개 뭔가가 보이기 시작한다.

변화를 사랑한다
'변화'에서 눈을 돌리지 않는가?

우리는 변화의 시대를 살고 있다. 이 변화의 시대에서는 강한 것도, 큰 것도, 우수한 것도 중요하지 않다. 그저 적응하는 것만이 의미가 있을 뿐이다. 그래서 우리가 무엇보다 먼저 익혀야 할 능력은 적응력이다. 적응력을 익히려면 무엇보다 변화를 사랑해야 한다. 변화를 싫어하면 변화에 적응할 수 없다.

변화를 두려워하지 않는가?

변화를 이상하다고 인식하지 않는가?

변화는 지극히 정상적인 현상이다. 변화는 새롭게 도전하는 사람에게 기회를 부여한다. 변화를 사랑하고 받아들여라.

수많은 눈이 사장을 따른다
어려운 시기에 아래를 향하지는 않는가?

아무리 우수한 사장이라도 오랫동안 경영을 하다 보면 어려운 시기가 한두 번은 있다.

무엇을 어떻게 해야 할지 몰라 방황하는 시기, 누구를 믿어야 할지 몰라 고독한 시기, 아무리 노력해도 성과가 없어 허무함만 남는 시기, 이런 시기가 한두 번은 찾아온다.

그럼에도 사장은 앞을 향해 나아가야 한다. 가슴을 활짝 펴고, 위를 향해 전진해야 한다. 수많은 눈이 당신을 보고 있기 때문이다.

고객들이 당신을 보고 있다.

직원들이 당신을 보고 있다.

사회가 당신을 보고 있다.

아래를 보는 사람에게 상품을 사고 싶지는 않은 법이다. 기운 없이 어깨가 축 늘어진 사람을 따르고 싶지는 않은 법이다. 이런 사람에게 사회는 아무것도 맡기려 하지 않는 법이다.

그러므로 사장은 먼저 위를 향해야 한다. 아무리 힘든 시기에도 꾹 참고 위를 향해 나아가야 한다.

이것이 사장의 '가장 중요한 일'이다.

유일한 성공법칙

아직도 '성공법칙'을 찾지 않는가?

이제 그만 포기하라. 경영에 '지름길'은 없다. 정도는 있을지 모르나, 지름길은 없다. 그런데도 지름길을 찾기에 급급해서 성공을 위한 노력을 안 하는 사장이 많다. 반드시 성공한다는 완벽한 성공 법칙 같은 것이 있을 리 없다. 만약 있다면 다음 법칙이 유일할 것이다.

1. 생각한다 → 2. 깨닫는다 → 3. 행동한다, 개선한다 → 4. 실패한다 →

성공한 사람은 이 순환을 반복할 뿐이다. 지름길 같은 것은 없다. 지름길 같은 것은 찾지도 않는다. 그저 다른 사람보다 빠르게 이 순환을 반복할 뿐이다.

지름길을 찾고 있지 않은가?

지름길을 찾느라 분주해서 앞으로 나아가는 것을 잊고 있지는 않은가?

당신의 일은 지름길을 찾는 것이 아니다. 성공을 향해 한 걸음 한 걸음 전진하는 것이다. 비록 그 길이 조금 멀더라도 전속력을 다해서 달리면 지름길을 찾아 헤매는 것보다 훨씬 빨리 목적지에 도달할 수 있다.

'전속력으로 멀리 돌아간다.' 이런 마음가짐으로 나아가라.

44

경영 능력의 3대 요소

'마음, 기술, 신체'를 연마하는가?

경영의 성공은 '경영 능력'에서 결정된다. 유망한 사업 분야가 성공을 보장하는 것이 아니다. 풍부한 경영 자원이 성공을 보장하는 것이 아니다. 규모가 작은 회사일수록 경영의 '성공과 지속'은 사장의 책임이다. 사장은 이 단순한 현실을 가슴 깊이 이해해야 한다. 그리고 경영 능력을 끊임없이 연마해야 한다.

경영 능력은 다양한 요소로 구성되어 있지만 크게 '마음, 기술, 신체' 3요소로 나눌 수 있다.

- **경영 능력의 3대 요소**

마음: EQ, 멘탈(Mental), 사고방식, 감성

기술: IQ, 테크닉(Technic), 기술, 지성

신체: RQ, 리소스(Resource), 체력, 자원

이 3가지 요소가 균형을 이루는가? 어느 한 쪽으로 치우침 없이 골고루 연마하는가? 경영의 지속력은 3대 요소 가운데 가장 낮은 능력과 거의 일치한다. 즉, 실패의 싹은 가장 약한 요소에서 발생하는 법이다. 그러므로 처음에는 강한 요소와 약한 요소의 차이가 있더라도 최종적으로는 균형을 이루도록 노력하라.

'경영 능력의 3대 요소'가 균형을 맞추어 높아졌을 때 사장으로서의 지속을 약속받을 수 있다. 마음을 단련하고, 기술을 연마하며, 신체를 수련하여 '경영 능력'을 높여라.

경영의 정의

경영의 본질을 이해하는가?

경영은 사람이 사람을 위해서 하는 사람의 활동이다. 회사가 아무리 많은 수익을 올리고, 규모가 커지고, 명성을 얻어도 사람을 위한 것이 아니라면 의미가 없다.

경영은 당신의 회사가 제공하는 상품이나 서비스를 통해 고객에게 도움을 주고, 조금이나마 그들을 행복하게 하는 활동이다. 사회의 불편한 부분이나 사회적인 과제를 발견하고 해결하여 사회를 한 걸음 더 이상에 가까워지게 하는 활동이다. 이렇게 해서 사회와 관계를 맺고 사회에 공헌해나가는 행위이다.

사장은 자부심을 가지고 경영의 본질을 추구해가야 한다.

사장은 행복 전문가
행복에 대해 진지하게 생각하는가?

경영의 목적이 관련된 모든 사람의 행복인 만큼 사장은 행복 전문가가 되어야 한다. 그리고 행복에 대해 죽을힘을 다해 생각해야 한다. 하지만 우리는 놀라울 만큼 행복에 대해 무지하다. 그렇기에 더욱 행복에 대해 진지하게 생각하라. 공부하라. 시행착오를 거듭하라.

행복 전문가가 되기 위한 첫걸음은 먼저 자신이 행복한가를 진지하게 생각하는 데서 출발한다. 그리고 자신부터 행복해져야 한다. 자신이 행복하지 않은데 다른 사람을 행복하게 하기는 어렵다. 자신을 행복하게 할 수 있는 사람만이 다른 사람도 도와줄 수 있다.

미션

미션을 내세우고 있는가?

회사를 세울 때 가장 먼저 해야 할 일이 있다. 바로 '미션'을 내세우는 것이다.

미션은 사명이다. **당신의 회사는 사회에서 어떤 사명을 띠고 있는가? 어떤 형태로 사회와 관계를 맺어나가는가?** 미션은 사회에서 당신의 회사가 담당하는 역할을 선언하는 일이다. 일이란 다른 사람으로부터 주어지는 것이다. '당신을 믿고 맡기겠네'라는 누군가의 신뢰를 바탕으로 내게 주어지는 책임이다.

그렇다면 무엇을 책임지고 싶은가?

어떤 일을 맡아 사회에 공헌하고 싶은가?

진지하게 생각해야 한다. 미션은 당신 회사의 존재 의의와 다름없다. 당신의 회사가 사회에 존재하는 이유다. 먼저 이 부분부터 명확히 정한 다음에 사회와 바람직한 관계를 맺어 좋은 영향을 줄 수 있는 존재가 되도록 하라.

사업계획서

'사업계획서'를 작성하는가?

성공을 지속하는 사장의 대부분이 '사업계획서'를 가지고 있다. 그런데 많은 회사가 '사업계획서'를 작성하지 않는다. 아니, 작성하지 못한다. 사업계획서는 자신의 사업을 숙지하지 못하면 작성할 수 없다. 즉, 사업계획서를 세우지 못하는 사장은 자신의 사업을 잘 알지 못한다. 자신의 사업을 제대로 알지 못하고 성공하기란 어렵다.

사업계획서를 작성하는 일을 회피하지 않는가?

사업을 깊이 들여다보는 일을 외면하지 않는가?

사업계획서를 작성하라.

망원경과 현미경
'망원경'과 '현미경'을 가지고 있는가?

'망원경'밖에 없다면 경영은 발밑에서 조금씩 무너진다.

'현미경'밖에 없다면 경영은 어느 날 갑자기 단숨에 사라진다.

대부분 사장이 이 망원경과 현미경 중 어느 하나만 가지고 있다. 그래서 성공을 지속하기가 어려운 것이다.

먼 곳만 보는 사람은 가까운 곳에 발이 걸려 넘어진다.

가까운 곳만 보는 멀리 있는 곳에 있는 적에게 공격을 받는다. 두 가지 시점을 모두 갖춰야 성공을 지속할 수 있다.

발밑만 보고 멀리 있는 위험을 놓치지는 않는가? 곤충의 눈으로 발밑을 보고, 새의 눈으로 멀리 응시하라.

행복한 사장의 3대 조건

세 가지 자유가 있는가?

행복한 사장에게는 '세 가지 자유'가 있다.

1. 경제적인 자유

뛰어난 사업 시스템을 보유하여 안정적인 수입이 있다.

2. 행동의 자유

우수한 팀을 확보하여 자신이 좋아하는 일을 즐기며 한다.

3. 사회적 스트레스(≒인간관계)로부터의 자유

주위 사람들에게 인정을 받고, 서로 신뢰와 사랑을 주고받는
관계를 구축하고 있다.

사장으로서 미숙할 시기에는 이런 자유는 꿈도 꿀 수 없다. 하지만 성숙해갈수록 '세 가지 자유'를 맛보게 된다. 반대로 말하면, 이 세 자유를 맛보지 못한다면 사장으로서 미숙한 셈이다.

금전적으로 어렵지 않은가?

하고 싶은 일을 할 수 있는가?

인간관계는 양호한가?

자유롭고 사랑받는 부자. 행복의 조건을 다 갖춘 사장은 조금 얄밉기까지 하다. 하지만 그렇기 때문에 행복을 방출할 수 있다. 그리고 많은 사람을 행복하게 하는 데 공헌할 수 있다.

사장의 실업

스스로 일을 손에서 놓고 있는가?

창업기에 사장이 해야 할 업무는 '전부'이다. 사업이 안정될 때까지 인재를 만나는 행운이 따르지 않는 한 사장은 모든 업무에 신경을 써야 한다. 그래서 사장은 정신없이 바쁘다. 다시 말해, 사장이 바쁘다는 것은 사업이 체계화되지 않았다는 뜻이다. 일을 맡길 만한 인재가 없다는 뜻이다. 이런 회사가 성공을 지속하기는 어렵다.

일을 혼자 떠안고 스스로 만족하지 않는가?

직원도 할 수 있는 일을 직접 하지 않는가?

스스로 일을 손에서 놓고 있는가?

사장의 일은 스스로 실업을 하는 것이다.

사장에게 남은 일

사장에게 남은 일이란?

타이타닉 호는 침몰하지 않는 배라고 했다. 하지만 첫 항해에서 비참하게 침몰했다. 이는 배의 구조 문제도, 승무원의 탓도 아니다. 바로 앞의 '빙산'을 보지 못했기 때문이다.

사장에게 남은 최종적인 일은 빙산을 발견하고 피할 수 있도록 방향키를 돌리는 것이다. 혹은 애초에 안전한 바다로 배가 나아가도록 방향을 잡는 일이다.

그러려면 미래를 예측하고, 사회를 간파하고, 자사에 가장 유리한 방향을 설정해야 한다. '미래를 보고 방향키를 틀어라.'

3년 후에 살아남는 이유

3년 후에 살아남는 이유를 오늘 만들고 있는가?

사장에게는 두 가지 시간 활용법이 있다.

(A) 오늘의 수익을 창출하기 위한 시간

(B) 미래의 수익을 창출하기 위한 시간

사업이 미숙한 시기에는 '(A) 〉 (B)'가 된다. 하지만 사업이 어느 정도 궤도에 오르면 '(A) 〈 (B)'가 되어야 한다. 사장이 '(A) 〈 (B)'가 될수록 성공의 지속력이 강해진다.

하지만 많은 사장은 이 전환을 하지 못한다. 사업이 궤도에 오른 후에도 방심하고 오늘의 수익을 내는 데만 급급하다. 그래서 성공을 지속하지 못한다.

성공을 지속하는 회사의 사장은 미래에서 살아가야 한다. 오늘의 수익을 창출하는 일, 오늘 고객에게 만족스러운 서비스를 제공하는 일은 모두 직원에게 맡겨라.

사장의 일은 3년 후에도 즐거울 수 있는 이유를 오늘 만드는 것이다.

3년 후를 진지하게 생각하는가?

오늘의 수익을 창출하는 데만 시간을 사용하지 않는가?

3년 후에 살아남을 수 있는 이유를 오늘 만들어라.

의사결정
결정을 하는가?

뭔가를 결정하는 일. 오른쪽으로 갈지 왼쪽으로 갈지 결정하는 일에 따라 회사, 회사와 관련된 사람들의 운명이 달라진다. 이 결정은 사장의 몫이다. 책임은 무겁다. 그럼에도 사장은 결정을 내려야 한다. 이것이 사장의 일이다.

'자신이 모든 것을 결정할 수 있다니, 정말 좋겠다'

사장이 된 적이 없는 사람은 이렇게 생각할 것이다. 분명히 자신이 모든 것을 결정하는 상황이 나쁘지만은 않다. 하지만 그 결정에는 많은 사람이 연관되어 있다. 따라서 쉽게 결정할 수 없다. 또한 그 무거운 책임을 다른 누구에게도 떠넘겨서는 안 된다.

결정하는 일을 회피하지 않는가?

결정을 다른 누구에게 떠맡기지 않는가?

의사결정은 사장의 중요한 일이다. 그 무게를 온전히 짊어지고, 오늘도 결정하라.

자만심과 맞선다

'자만'하지 않는가?

'이대로 괜찮아', '지금 상태가 계속될 거야'

사장이 이렇게 생각하는 순간 그 회사는 내리막을 걷기 시작한다. 웬만큼 궤도에 오른 회사가 문을 닫는 가장 흔한 원인이 사장의 '자만'이다.

자신감은 가져도 좋다. 당당하게 일하는 자세도 중요하다. 하지만 '자신감'과 '자만심'은 다르다. 자신감은 지속적인 노력과 성장을 낳지만, 자만심은 나태함과 몰락을 낳는다. 자만하기란 무척 쉽다. 화려함과 안락함에 빠지기는 무척 쉽다. 우물 안의 개구리로 있기는 무척 쉽다. 하지만 이런 상태를 오랫동안 눈감아줄 만큼 시장 경제는 만만하지 않다. 만만하지 않기 때문에 경제는 발전해가고, 사회는 한층 성장해간다.

그러므로 괴롭더라도 자신의 자만심과 맞서도록 하라.

자만심과 끊임없이 싸워라.

이 또한 사장의 중요한 일이다.

56

문제 해결 전문가

끊임없이 '문제'를 찾는가?

사람과 사회의 문제를 해결해서 다른 사람을 행복하게 하는 것이 비즈니스다. 따라서 모든 경영은 '문제 해결업'이라고 할 수 있다.

즉, 문제를 발견하고 꾸준히 해결할 수 있는 회사가 성공을 지속할 수 있다. 이런 맥락에서 생각하면, **성공을 거듭하는 사장은 다른 사람의 문제에 민감해져야 한다. '문제 해결 전문가'가 되어야 한다.**

사람과 사회의 문제에 관심이 있는가?

끊임없이 문제를 찾는가?

만약 그렇지 않다면 세상에는 어떤 문제가 있는가?

자신의 회사에는 어떤 문제가 있는가?

100개 정도 적어보라. 이렇게 하면 이제까지 의식하지 못했던 문제를 찾아낼 수 있다. 아무도 발견하지 못한, 아무도 해결하지 못한 문제가 눈에 들어오기도 한다. 이 문제를 해결하면 많은 사람이 기뻐할 것이다.

경영은 문제 해결업이다. 사장은 이 사실을 반드시 기억해야 한다.

두 가지 가치의 양립

두 가지 가치를 '양립'시키는가?

비즈니스에는 '두 가지 가치'가 필요하다.

1. 절대적 가치

2. 상대적 가치

하지만 많은 회사는 이 가치를 양립시키지 못한다.

자기만족을 위한 자사 상품 개발에 눈이 멀어 시장에서의 상대적 가치를 망각한다. 혹은 자사 상품의 절대적 가치 창조를 뒷전으로 한 채 시장 경쟁에만 열을 올린다.

정도의 차이는 있지만 대부분의 사장은 이 둘 중 어느 한 쪽의 경향을 보이고 치우친 쪽의 패턴에 빠져 있다. 물론 둘 다 중

장기적으로는 실패한다.

절대적 가치와 상대적 가치 중 어느 쪽에 신경을 쓰는가?

양쪽 모두의 가치를 높이려 노력하는가?

자사가 제공하는 두 가지 가치를 점검해보라.

첫 번째 상품 개발

처음부터 성공할 것이라고 생각하지 않는가?

수많은 회사가 첫 번째 상품을 공들여 준비한다. 하지만 첫 번째 상품 개발은 대부분 실패한다. 첫 상품을 내놓을 때는 두 가지를 명심해야 한다.

1. 허용할 수 있는 위험 범위에서 실시한다.

2. 재빠르게 시작한다.

이 두 가지는 매우 중요하다. 히트 상품을 내기란 그리 쉽지 않다. 책상 위나 머릿속에서 기다렸다는 듯이 짠하고 멋진 상품이 나올 리 없다. 정답은 시장 안에만 존재한다. 하지만 많은 사장은 자신의 머릿속으로 완벽한 상품을 만들려고 한다.

자신의 머리만으로 상품을 완성하려 하지 않는가?

상품 개발에 지나치게 시간을 쏟지 않는가?

해당 상품의 평은 시장에 내놓은 후에야 알 수 있다. 그러므로 일찌감치 시장에 조언을 구해야 한다. 처음부터 완벽한 상태였던 상품은 이 세상에 하나도 없다. 그러므로 개선할 여력을 남겨 두어야 한다.

우수한 상품은 고객의 손에 의해 개선된다. 우수한 상품은 고객과 함께 만들어가는 것이다. 상품 개발은 끝이 없다. 영원히 이어진다.

사장이라면 이 과정 자체를 즐겨라.

이해하기 쉬운 상품

당신의 상품은 이해하기 쉬운가?

'이해하기 쉽다'라는 것은 상품을 구매하는 데 있어 중요한 요소다. 아무리 좋은 상품이라도 난해하면 고객은 구매하지 않는다.

상품의 완성도×이해하기 쉬운 정도=진정한 상품력

(A) 100 × 50% = 50

(B) 70 × 100% = 70

고객은 (B)를 선호한다.

당신 또한 고객의 입장이 되었을 때 이해하기 쉬운지를 중요한 구매 결정 요소로 생각할 것이다. 그런데 많은 사장이 제공하는 위치에만 서면 이 부분을 망각한다.

'이해하기 쉬운지'를 상품력의 일부로 생각하는가?

상품의 장점을 쉽게 전달할 수 있는 방법을 궁리하는가?

고객의 위치에서 점검해보라.

'이해 난이도'라는 요소만 점검해도 상품의 가치는 비약적으로 높아질 것이다.

가격 책정이 바로 경영
얼마나 고민한 끝에 정한 '가격'인가?

가격은 매우 중요한 의미가 있다. 아무리 상품이 좋고 영업력이 뛰어나도 가격이 적정하지 않으면 사업이 제대로 돌아가지 않는다. 그럼에도 많은 사장은 '적당히' 가격을 책정한다. 모호한 기준으로 정한 '이유 없는 가격'이 통할 만큼 시장은 만만하지 않다.

가격 책정은 매우 중요하다.

그래서 사장은 가격 책정의 전문가가 되어야 한다.

왜 그 가격인가? 철저하게 따지고 고민하여 '이유 있는 가격'을 설정하라.

포지셔닝

포지셔닝을 철저하게 따지는가?

작은 회사는 약자다. 그러나 약자이기 때문에 가능한 전략도 있다. 그 전략 중 하나가 '철저한 포지셔닝'이다. 지금처럼 수요가 다양화된 사회에서는 큰 회사가 하기 어려운 분야가 많고, 이런 분야에는 엄청난 사업 기회가 있다.

우수한 비즈니스 모델을 갖춘 회사 대부분은 포지셔닝을 철저하게 따진다. 그리고 큰 회사가 참여하기 어렵고 경쟁 상대가 적은 곳에서 사업을 한다. 그래서 압도적으로 비용 대비 효과가 크고 수익성이 높다.

당신의 회사는 시장에서 어디에 위치하는가? 경쟁자는 적은가? 철저하게 따지고 생각하라.

포지셔닝과 미션

포지셔닝과 미션을 '함께' 고려하는가?

포지셔닝을 진지하게 생각하다 보면 회사가 지향해야 할 미션을 발견한다. 시장에서의 포지셔닝이란 자신들이 사회에서 책임져야 할 역할이기 때문이다. 그 역할을 사회성을 바탕으로 강하게 의식했을 때 비로소 사명(미션)이 된다.

포지셔닝과 미션을 함께 고려하는 회사는 무척 강하다. 당신의 회사가 지향하는 미션이 아무리 사회에 필요한 분야라고 해도, 동일한 포지션의 회사가 많으면 경쟁이 발생한다. 경쟁이 치열한 환경에서 활기차게 사업하기란 어렵다.

포지셔닝과 미션은 한 세트임을 명심하라.

경영력을 키워라

- Improve the management power

판매력

'판매력'을 연마하는가?

　경영은 상품이 팔리지 않으면 지속할 수 없다. 아무리 상품이 우수해도, 아무리 매니지먼트가 뛰어나도 팔리지 않으면 경영은 불가능하다.

　그래서 '판매력'이 무엇보다 중요하다.

　그렇다면 어떻게 해야 상품을 팔 수 있을까? 어떻게 하면 고객들의 구매 욕구를 자극할 수 있을까? 이를 모르는 사장이 너무 많다. 또한 이를 배우려고 하지 않는 사장이 너무 많다.

　팔리지 않으면 경영은 결코 순조로울 수 없다. 이 간단한 사실을 간과해서는 안 된다.

다행스럽게도 판매력은 재능만으로 결정되지 않는다. 노력으로 얼마든지 향상시킬 수 있다.

판매력을 연마하고 있는가?

영업력을 향상시키고 있는가?

판매력을 철저하게 갈고 닦아라.

매출의 3대 요소

'매출의 3대 요소'를 향상시키는가?

매출은 사업의 지속 여부에도 영향을 끼치는 경영의 중요한 부분이다. 모든 사장은 매출을 높이고자 하루하루 고군분투한다. 매출을 높이는 방법은 매우 간단하다. 다음 세 가지가 전부다.

1. 새로운 고객을 창출한다(고객 수).
2. 1인 당 판매량을 늘린다(판매 단가).
3. 구매 빈도(Repeat)를 높인다(구매 빈도).

매출=(고객 수)×(판매 단가)×(구매 빈도)

매출은 회사의 생명선 가운데 하나다. 그렇기에 매출은 끝없는 고민거리일 수밖에 없다. 하지만 중요하다고 해서 반드시 복잡하게 생각할 필요는 없다. 오히려 단순하게 생각하면 그 고민을 해결해줄 행동으로 곧바로 옮길 수 있다.

따라서 매출로 고민한다면 먼저 '매출의 3대 요소'를 점검하라.

새로운 고객은 증가하고 있는가?

일인당 판매량은 늘고 있는가?

구매 빈도는 상승하고 있는가?

그리고 요소별로 해야 할 일과 할 수 있는 일을 열거하여 우선순위가 높은 사항부터 실천하라. 아무리 고민해도 매출은 높아지지 않는다. 행동만이 매출과 직결된다.

판매 행위에 대한 정신적 장벽

'판매 행위'를 부끄럽게 생각하는가?

오늘도 많은 회사가 무대에서 사라져간다. 그 원인 중 하나는 상품이 '팔리지 않았기' 때문이다. 그렇다면 상품이 '팔리지 않는 원인'은 무엇일까? 여기에는 의외의 원인이 있다.

바로 사장이 판매 행위를 부끄러운 일이라고 생각하는 것이다. 이는 사장이 정신적 장벽(=멘탈 블록)을 가지고 있다는 의미다.

판매가 순조롭지 않은 회사의 사장은 판매하는 행위에 마음 한편으로 죄책감을 느낀다. 그래서 판매에 전념하지 못한다. 최선을 다하지 않아도 문제가 없을 만큼 영업은 호락호락하지 않다. 또한 사장이 판매 행위에 저항감을 느끼면 이런 분위기가 회사

전체로 퍼져나간다. 그 결과 '매출이 저조한 회사'가 되고 만다.

매출이 저조한 회사를 만드는 것은 사장이며, 판매하는 행위에 대한 사장의 부정적인 생각 때문이다. 사장은 부정적인 생각을 거두고 '우수한 영업맨'이 되어야 한다.

판매하려고 애쓰기 전에, 판매 기술을 연마하기 전에 판매 행위를 무조건 긍정하라.

상품력과 영업력

팔리지 않는 이유를 상품 탓으로 돌리지 않는가?

상품을 판매하려면 다음 두 가지 요소가 필요하다.

1. 상품력

2. 영업력

판매 여부는 이 두 요소의 곱셈으로 결정된다.

<판매=상품력×영업력>

이는 많은 사장이 아는 듯하지만 사실은 잘 모르는 내용이다.
특히 개발형 사장은 좋은 상품을 만들면 알아서 팔린다고 생각
한다. 그리고 회사의 무능한 영업력을 외면하려고 한다.

유감이지만, 아무리 '상품력'이 뛰어나도 '영업력'이 없으면 상품은 팔리지 않는다.

상품력 × 영업력 = 판매

$100 \times 0 = 0$

판매가 이루어지려면 두 요소가 모두 갖춰져야 한다. 그래서 상품력에만 의존하는 태도는 매우 위험하다. 설령 성공하더라도 성공을 지속하기는 어렵다. 이 두 요소를 '각각' 향상시키는 것이 중요하다.

상품력에 의존하지 않는 회사를 지향하라.

고객 장부

'고객 장부'는 있는가?

상인이 금고에 간직해야 하는 것은 돈이 아니다. 바로 '고객 장부'다.

옛날 상인은 고객 장부를 가장 중요하게 여겼다. 그래서 가게에 화재가 나더라도 고객 장부만은 타서 없어지지 않도록 세심하게 신경을 썼다.[1] 가게가 다 타버리고 창고가 사라져도 고객 장부만 있으면 장사를 다시 시작할 수 있다는 사실을 잘 알았기 때문이다.

장사는 고객이 없으면 할 수 없다. 사장은 이 당연한 사실을 한층 진지하게 생각해야 한다.

당신의 회사에 고객 장부는 있는가?

고객 장부의 가치를 제대로 이해하는가?[2]

고객 장부는 장사의 성서나 마찬가지다. 여기에 모든 것이 담겨 있다.

---

1 에도 시대(1603~1867)의 옷감 가게 등에서는 물에 젖지 않도록 곤약으로 만든 종이로 '다이후쿠쵸(大福帳)'라는 고객 장부를 만들었다. 화재가 발생해도 이 책을 우물에 던져 고객 장부만은 지켰으며, 화재로 모든 것을 잃어도 남은 고객 장부를 밑천으로 장사를 시작해 재기했다.

2 후쿠야마의 약방에서는 '가케바쵸(懸場帳)'라는 고객 장부를 무척 소중하게 여겼다. 실제로 장사에서 은퇴할 때에는 이 장부가 고가로 매매되었다.

고객의 단계

성급하게 상품을 판매하려고 하지 않는가?

알게 된 지 얼마 안 된 이성에게 느닷없이 혼인 신고서를 내미는 사람은 없을 것이다. 하지만 비즈니스 현장에서는 이와 비슷한 일이 일어나곤 한다.

서로 알게 된 지 얼마 되지 않은 시점에서 상품을 판매하려고 하지 않는가? 당연히 고객은 부담을 느끼고 도망쳐버린다.

연애도 그렇듯이 모든 인간관계에는 단계가 있다. 고객에게는 단계별 대응을 해야 하는데, '6가지 단계'와 '5가지 대응'이 있다.

6가지 단계

1. 타인 → 2. 인지 → 3. 흥미→ 4. 검토 중 → 5. 계약 성사 → 6. 단골

5가지 대응

1. 모르는 사람을 사귀려는 활동

2. 새로 알게 된 사람이 흥미를 느끼게 하는 활동

3. 흥미를 느낀 사람이 문의하게 하는 활동

4. 문의한 사람이 구매하게 하는 활동

5. 구입한 고객과 관계를 지속해가는 활동

각 단계의 고객에게 필요한 것이 다르므로 각 단계에 따른 대응도 다르다.

각각을 개별적으로 생각하여 대응하는 구조를 만들어라.

고객은 친구

고객이 소중한 친구라면?

소중하게 생각하는 친구가 고객이 된다면 어떤 상품을 만들어서 어떤 판매 방식으로, 어떤 식으로 사업을 할까?

소중한 친구에게 그 상품을 판매할 것인가?

소중한 친구에서 그 판매 방식을 취할 것인가?

이런 사고방식이 기본인 회사는 고객과 견고한 신뢰 관계를 구축할 수 있다. 사업은 신뢰 없이 이루어질 수 없다. 고객은 소중한 친구다.

이런 생각으로 사업을 하면 실패가 적다.

행렬

행렬을 만드는가?

사람은 상품을 정확히 파악하고 구매하지 않는다. 다른 사람이 구매하는 모습을 보고서 구매하는 이들이 많다. 성공을 지속하는 사장은 이 사실을 너무나 잘 안다. 그래서 행렬을 만들 궁리를 한다.

이 사실을 모르는 사장은 '저 회사는 상품이 인기를 끌어 좋겠군', '우리도 저렇게 되어야 할 텐데……' 정도로만 생각한다.

행렬이 상품력에 의해 저절로 생기는 것이라고 생각한다. 하지만 행렬은 결코 자연히 만들어지지 않는다. 여기에는 나름의 비법이 있다.

예컨대, '원조'로 불리는 음식점에서 포장을 정성스럽게 하는 모습은 고객에게 정성을 다한다는 인식을 주는 동시에 고객을 계산대 앞에 오래 잡아둔다는 의미도 있다. '원조'로 불리는 음식점들은 이런 부분에서 노련하다. 백화점 지하 등에 있는 유명 가게들도 사실 어느 정도는 계산적으로 행렬을 만든다.

당신의 회사는 이런 궁리를 하는가?

다른 사람이 구매하는 모습을 새로운 고객에게 노출시키는가?

생각해보라.

구매하는 모습을 현장에서 보지 못하는 업종이라도 '행렬'(=사회적인 증명)은 만들 수 있다. '고객의 소리'를 모아 공개하면 된다. 홈페이지에 게시하거나 홍보 책자에 싣거나 고객의 눈에 띄기 쉬운 장소에 두어 기존 고객의 '존재'를 각인시켜라. 이런 식으로 '이미 구매한 고객'이 있음을 증명하여 새로운 고객을 불러들이면 된다.

그래서 초기의 고객들은 매우 소중하다. 초기에 구매한 고객들은 아무 실적이 없는 자신들에게 투자해준 고마운 존재다. 그렇기에 더욱 초기의 고객들이 완벽하게 만족하도록 노력한다.

이런 마음가짐이 우선이다. 여기에 만족한 고객이 칭찬하면 그다음 고객이 몰려든다. 이렇게 해서 선순환이 생겨난다.

회사의 얼굴

회사의 얼굴을 깨끗이 다듬는가?

세수도 하지 않고 상담하러 가는 사람은 없다. 그런데 고객과 사회를 처음 만나는 접점인 홈페이지(HP)를 제대로 정리하지 않는 회사가 의외로 많다.

고객 모집은 회사의 생명선이다. HP는 고객 모집의 중요한 수단 중 하나로 꽤 유능한 영업 사원이 될 수 있다. 그런데도 HP를 방치하는 회사가 많다.

HP는 한 번 만들면 끝이라고 생각하는가?

많은 사람이 HP를 보고 회사를 판단하고 있다는 사실을 망각하는가?

세수하지 않는 사람이 신용을 얻기 어렵듯이, HP를 정리하지 않는 회사도 신용을 얻기 어렵다. **HP는 회사의 얼굴이다. 정기적으로 다듬어서 항상 최상의 얼굴을 유지하도록 하라.**

긴 여정에 대처하는 법

궤도에 오르기까지의 '긴 여정'을 무사히 마치려면?

새롭게 시작한 회사의 상품이 실제로 판매되어 궤도에 오르기
까지는 꽤 긴 여정이다. 이 여정을 무사히 마치기란 쉽지 않다. 다
리가 부러질 듯 아플 때도 있다. 모든 것을 그만두고 싶어질 때도
있다. 그리고 자신을 믿지 못하게 될 때도 있다.

이때 힘이 되어주는 것은 다음 두 가지다.

1. 미션(당신의 회사가 사회에서 맡은 역할=사명)
2. 고객의 소리(당신의 회사에 만족한 고객들의 칭찬)

먼저 당신 회사의 미션을 떠올려라. 그리고 자신이 무엇을 위해 이 일을 하는지, 왜 이 상품을 판매하는지 자신에게 살며시 질문을 던져보라. 그리고 출발점을 떠올려라.

다음으로 고객들이 건넨 칭찬과 감사 인사를 떠올려라. 그 기억이 자신이 사회에 도움이 되고 있다는 사실을 일깨워줄 것이다.

그리고 자신의 행동을 긍정하라. 결과를 창출하는 노력을 꾸준히 쌓아가려면, 자신의 행동을 마음속 깊이 긍정하는 자세가 중요하다.

이것이 흔들릴 때는 미션과 고객의 소리를 떠올려라.

재무 3표

'재무 3표'를 이해하는가?

사장이 경리를 맡을 필요는 없다. 영수증을 정리하거나 분류하고 재무제표를 작성하는 실무는 하지 않아도 된다. 하지만 이 내용을 읽고 이해할 수는 있어야 한다.

재무제표는 회사의 체온계나 마찬가지다. 회사의 건강상태를 파악하지 못하면 위험한 상태임을 인지조차 하지 못한다. 회계에 약한 상태로 경영을 지속하기란 불가능하다.

대차대조표, 손익계산서, 현금흐름 계산서, 이 '재무 3표'만이라도 읽을 수 있도록 하라.

자금운용표

'자금운용표'를 파악하는가?

회사는 고객이 한 명도 없어도, 어마어마한 적자를 내도 의외로 쉽게 무너지지 않는다. 반면 고객이 많거나 흑자를 내도 무너질수 있다. 이 점을 제대로 이해하지 않으면 경영을 지속할 수 없다.

회사를 지속할 수 없는 상황은 자금이 없을 때이다. 따라서 회사가 보유한 자금 잔고의 흐름을 살펴보는 작업은 경영 관리에서 매우 중요한 활동이다.

자금운용표를 작성하는가?

자금 잔고의 흐름을 파악하는가?

자금 흐름을 예측하는가?

회사가 성장기에 진입하면 자금 운용은 한층 중요해져서 경영의 결정적인 요소가 된다. 그래서 회사를 성장 궤도에 올릴 자신이 있는 사람이라면, 창업기부터 '자금운용표'를 만들어서 적어도 3개월 이후의 자금 상태를 짐작할 수 있도록 하라.

자금을 창출하는 수단
자금을 '창출하는 방법'을 찾고 있는가?

자금이 부족할 때 실패하는 회사는 돈을 빌린다. 성공을 지속하는 회사는 자금을 창출한다.

자금이 부족해지는 상황은 들어오는 돈과 나가는 돈의 차이, 즉 수입과 지출의 차이로 발생하는 것만은 아니다. 들어오는 돈과 나가는 돈의 시간차가 있기 때문이다. 따라서 이 차를 조정할 수 있다면 자금을 창출할 수 있다.

대기업이 그 전형적인 예다. 6개월 후의 지급어음을 받는 사람도 많을 것이다. 하지만 작은 회사는 대기업처럼 하기 어렵다. 신용이 없기 때문이다. 하지만 평소에 반드시 기일을 지켜 자금을 지급하고 신용을 쌓아온 사장이라면, 대기업처럼 자금을 조달하는 것도 가능하다.

단 하루라도 지급을 정기적으로 늦출 방법은 없을까?[1]

단 하루라도 입금을 정기적으로 앞당길 방법은 없을까?

고민해보라. 단 하루씩이라도 이렇게 할 수 있다면 이틀 분의 자금이 생성된다. 이틀이면 한 달에 약 7%이다.[2] 7%의 이익과 현금 흐름을 만들어내기란 쉽지 않을뿐더러 이를 실천하는 회사도 적다. 그러나 이것이 가능하기만 하다면 7%의 자금을 창출할 수 있다.

---

1   어디까지나 '정기적'으로 부탁하는 것이 기본임을 명심하라. 비정기적으로 지급을 늦추면 신용을 잃게 된다.

2   이는 평균화된 수치이므로 7%로 표기했지만, 하루와 또 하루(이틀분)의 차이는 더 큰 효과를 발휘할 가능성도 있다.

예컨대 월말에 매출 입금과 비용 지급이 집중되어 있다고 하자.

매출은 다음 달 말에 입금되고 비용은 이번 달 말에 지급해야 한다고 할 때, 입금을 말일의 전날, 지급을 말일의 이튿날로 변경하면 이틀의 여유가 생긴다. 그러면 다다음 말일까지의 자금 차이는 (월매출−월지급액×2)−(월매출−월지급액)이 되어 '1개월분의 비용'에 상응하는 차이가 발생한다.

아무래도 지급은 월말 등에 집중되기 마련이므로, 일부를 분산시키는 것만으로도 자금 운용이 원활해지는 경우가 많다.

사랑과 돈의 맞교환

쉽게 자금을 조달하려고 하지 않는가?

은행에서 자금을 조달하기란 쉽지 않다. 다방면으로 손을 써도 먼저 자신들이 신뢰할 수 있는 존재임을 '증명'해야 한다. 실적이 거의 없는 시기에는 이를 증명하기가 매우 어렵다.

그래서 친구나 가족에게 자금을 빌리는 수단을 쉽게 사용하는 사장이 너무 많다. **사랑을 돈과 맞바꿔서는 안 된다. 그들에게서 자금을 빌리는 것은 최후의 수단이지 최초의 수단이 아니다.**

친구나 가족에게서 빌린 자금은 감사하고 소중하지만, 그 돈 때문에 소중한 관계가 멀어지는 사례가 많다. 친구나 가족이 조건 없이 지원해주는 경우라면 예외다. 변제를 기대하지 않고 지원해주는 경우라면 관계를 유지할 가능성이 있다. 그렇더라도 가족이나 친구에게 빌리는 건 최후의 수단이어야 한다.

자신의 신뢰성과 장래성을 증명하기란 어렵다. 하지만 그렇기에 그것을 증명하는 과정에서 당신과 당신의 사업이 연마된다. 안이하게 기대하지 말고, 끈질기게 자신을 증명하는 수단을 선택하라.

10원의 무게

10원의 무게를 느끼는가?

10원은 무겁다. 10원을 쓰기란 무척 쉽지만 벌기는 무척 어렵다. 이 무게를 아는 사장은 강하다. 이 무게를 알기 때문에 성공을 지속하는 사장은 10원을 소중하게 여긴다. 그래서 계속해서 이익을 낼 수 있다.

10원을 버는 어려움을 잊지 않았는가?

10원의 무게를 느끼며 10원을 사용하는가?

10원의 무게를 늘 느끼도록 하라.

외상매출금

'매출액'만 보지 않는가?

입금되지 않은 자금은 매출이 아니다. 입금되지 않으면 일이 끝났다고 할 수 없다. 성공을 지속하는 사장은 이렇게 생각한다.

하지만 매출액만 보고 안심하거나 일이 끝났다고 만족하는 사장이 놀라울 정도로 많다.

이런 회사는 외상매출금을 쌓아둔 채 '흑자 도산'을 할 가능성이 크다. 흑자 도산만큼 비참한 도산 형태는 없다. 하지만 많은 회사가 대금 회수 문제로 도산한다.

매출액만 보지 않는가? 매출이 수치화된 시점에서 만족하지 않는가? 매출액은 반드시 '입금 상태'로만 파악하라.

지급의 가치

지급을 1초라도 미루지 않는가?

경영은 '신용'을 바탕으로 성립된다. 덧붙이면 자본주의 경제, 화폐 경제 자체가 신용을 발판으로 한다. 따라서 타인(=사회)의 신용을 구축할 수 있는 회사가 성공하고, 성장을 계속한다.

신용이란 약속을 지키는 일이다. **사업에서 가장 중요한 약속 가운데 하나는 가치를 제공받은 대가인 대금을 약속대로 정확하게 지급하는 것이다. 이는 기본 중의 기본으로 당연히 지켜야 하는 약속이다.**

그런데 안타깝게도 이 당연한 약속을 제대로 지키는 사장이 적다. 그렇기에 더욱 지불 약속을 소중히 생각하고 무슨 일이 있어도 지키려는 사람은 신용을 얻는다.

비록 지금은 힘들더라도 신용이 있는 회사에는 미래가 있다.

하지만 신용이 없는 회사에는 미래가 없다.

'그 회사는 대금 지급이 깔끔하다.' 이런 평가를 받는 회사가
되어라.

간접 부문

'간접 부문'이 15% 이상이 아닌가?

회사가 성장하기 위한 '추진 요소'는 상품력과 영업력이고, '저해 요소'는 관리력이다. 관리력이 아무리 강해도 회사는 성장하지 못하지만, 관리력이 약하면 회사의 성장은 제자리걸음이다. 따라서 회사가 성장 단계일 때는 간접 부문이 강해져야 한다.

하지만 간접 부문을 성장시켜서는 안 된다. 간접 부문은 쉽게 비대화되며 경영을 조금씩 압박한다.

상당히 성장했음에도 수익성이 좋지 않은 회사는 대개 간접 부문이 함께 커지고 만 경우다. 수익성이 높은 회사는 간접 부문을 비대화시키지 않는다. 간접 부문의 비율을 대개 15% 이하로

억제하여 낮은 대신, 간접 부문이 만들어내는 관리력은 높다.

즉 성공하는 회사는 '작지만 강한' 간접 부문을 보유하고 있다.

간접 부문 인원은 15% 이하로 제한하는가?

점검해보라.

'구조화' 발상

우물을 파고 있는가?

성공하는 사장은 민첩하게 물을 길으러 간다.

성공을 지속하는 사장은 재빨리 우물을 판다.

두 사장의 결정적인 차이는 '구조화' 발상이다. 일단 성공했지만 성공을 지속하지 못하는 사장은 사실 일을 잘해서 그런 것이다. 물 같은 것은 언제든 길어 오면 된다고 생각하기 때문에 '구조화'라는 발상을 경시한다. 그래서 안정적이고 효율적인 경영을 하지 못하게 된다.

매일 물을 길으러 가는가? 우물을 파는가? 당신은 이 중 어느 쪽을 선택하겠는가?

자동판매기

'자동판매기'를 표본으로 삼고 있는가?

이상적인 '구조화'의 모델은 자동판매기다. 자동판매기에는 사업 구조에서 중요한 요소가 대부분 자동화되어 있다.

1. 고객을 발견한다(집객)→2. 상품을 소개한다(영업)→3. 상품을 제공한다(판매)→4. 수금한다(회수)

상품 개발이나 제조, 재고 관리는 별도로 진행되더라도, 이 네 가지 업무가 구조화되어 있다는 사실은 놀랍다. 모든 일은 이상을 목표로 잡으면 대개 앞으로 나아간다. 자동화 같은 건 어림도 없다고 핑계 대기 전에 **당신의 사업을 자동판매기로 만들려면 어떻게 해야 할지, 필요한 부품과 기능은 무엇인지 진지하게 검토해보라.**

사장이 없는 날
'사장이 없는 날'을 만들었는가?

일을 잘하는 사장은 많지만 일을 구조화할 수 있는 사장은 적다. 구조화는 회사의 지속성에 막대한 영향을 미친다. 그럼에도 구조화에 서툰 사장이 무척 많다. 그래서 일시적으로 성공하는 사장은 50%이지만 10년 이상 성공을 지속하는 사장은 4%에 불과하다.

구조화를 큰 거부감 없이 정착시키려면 먼저 구조화한다는 발상에 익숙해져야 한다. 이를 위해 강제적으로 구조화 발상을 재촉하는 방법을 적극 추천한다.

'사장이 없는 날'을 만드는 것이다.*

사장이 없어도 회사가 돌아가게 하려면 어떻게 해야 할까? 자신이 직접 하지 않아도 문제없이 일을 진행하려면 어떻게 해야 할까? 항상 이런 발상으로 구조화를 지속하면 경영의 지속력을 한 단계 더 높일 수 있다.

또한 사장이 없는 상태는 자립형 조직을 만드는 데도 무척 효과적이다. 즉 사장에게 의존하는 분위기를 약화시키고 직원의 자립을 돕는다.

'내가 없으면 회사는 안 돼'라고 생각하지 않는가?

사장이 있어서 되는 일도 있다.

사장이 없어서 되는 일도 있다.

'사장이 없는 날'을 만들어라.

※ 처음에는 우선 하루를 시행해본다. 이 날은 회사와 어떤 연락도 하지 않도록 한다. 웬만큼 익숙해지면 다음에는 3일로 늘린다. 도저히 견디기 힘들면 연락하기 어려운 장소(해외 등)로 출장을 간다. 몇 주씩 자리를 비워도 괜찮은 상태가 되었다면 이미 '사업 구조화'와 '조직의 자립화'가 꽤 자리를 잡았을 것 있다.

팀을 만든다

팀을 만들려고 노력하는가?

지속적인 경영에는 종합적인 업무 능력이 필수다. 하지만 사장이 만능일 수는 없다. 유능한 분야도 있지만 무능한 분야도 있다. 서툴고 하기 싫은 일을 아무리 기를 쓰고 해봐야 큰 가치는 창출할 수 없다.

그래서 팀을 만드는 것이다. 당신이 서툴고 하기 싫어하는 일이 누군가에게는 24시간 계속해도 질리지 않는 즐거운 일일 수도 있다. 반대의 경우도 마찬가지다. 사람은 모두 다르다. 그 차이를 조합하여 최고의 상태를 만들어내는 것이 바로 팀을 구축하는 묘미다. 팀을 만들어라. 구성원 하나하나가 빛을 낼 것이다.

이상적인 팀
이상적인 팀이란?

사장이 지향해야 할 팀의 형태는 다양하다. 그 이상형 중 하나가 '자립형 팀'이다. 구성원 하나하나가 스스로 생각하고 판단하고 행동하여, 스스로 성과를 낸다. 또한 개개인이 주체적으로 움직이면서도 긍정적인 의존 관계를 형성한다. 자립형 팀이란 바로 이런 팀이다.

직원 또한 관리 대상이 되고 싶어 할 리 없다. 사장 또한 관리하고 싶을 리 없다. 쉽지는 않지만, 자립형 팀이 완성되면 모두 자유를 가지고 일할 수 있다. 자립형 팀을 이상형으로 삼아 팀을 만들어라.

자립형 팀을 만드는 비결

사업관을 공유하는가?

스스로 생각하고 판단하고 행동하여, 스스로 성과를 내는 자립형 팀은 강제적인 힘이나 구조로 만들 수 없다. **자립형 팀을 만드는 기초는 '사업관을 공유'하는 것이다. 이때 가장 먼저 공유해야 할 사업관은 일이 자신의 인생에서 차지하는 가치의 크기를 이해하는 것이다.**

'사업은 인생에서 무엇보다 큰 의미를 차지한다.'

이런 생각이 마음 깊이 자리 잡은 구성원은 자연스레 일을 소중하게 여기게 되고 이러한 마음가짐은 모든 에너지의 원천이 된다. 일이 인생에서 차지하는 의미를 끊임없이 생각하고 전달하라. 이것이 사장의 일이다.

팀의 자립을 저해하는 존재

자립형 팀을 만들지 못하는 '가장 큰 이유'를 알고 있는가?

사장이 되면 누구나 한 번쯤 이런 꿈을 꾼다. 바로 사장이 없어도 일상 업무가 알아서 돌아가고 경영이 순조롭게 이루어지는 팀을 갖는 것이다.

동시에 이런 악몽도 꾼다. 바로 사장이 없어도 일상 업무가 알아서 돌아가고 경영이 순조롭게 이루어지는 팀을 갖는 것이다.

사장은 자립형 팀의 구축을 가장 원하면서도 가장 두려워한다. **많은 사장이 자립형 팀을 만들지 못하는 것이 사실은 사장 자신의 '두려움' 때문일 때가 많다.**

사장은 "사장님, 사장님! 이것 좀 처리해주세요."라는 부탁에서 자신의 존재 가치를 매일 확인한다. 든든하고 믿음직한 사장이라는 사실에 사장으로서의 중압감을 다소 떨쳐낸다. 사장이라는 사실만으로 매일 자신을 위로한다.

그런 까닭에 사장은 마음 한편으로는 자립형 팀을 원하지 않는다. 본격적으로 팀을 자립시키려 하지 않는다. 든든하고 믿음직한 존재라는 위치를 포기하려 하지 않는다.

사장의 이런 심리 상태는 팀을 구축에 돌입할 때 가장 심각한 문제이자 큰 난관이다.

먼저 이 사실부터 분명하게 인지하라.

직원은 파트너

직원을 '파트너'로 생각하는가?

경영은 오케스트라나 마찬가지다. 바이올린 연주자가 아무리 능숙하게 연주해도, 클라리넷 연주자가 아무리 멋지게 소리를 내도 지휘자가 없으면 하모니는 만들 수 없다. 마찬가지로 지휘자가 아무리 훌륭해도, 지휘가가 아무리 노력해도 각각의 연주자가 서툴면 하모니는 만들 수 없다.

좋은 결과를 이끌어내려면 연주하는 사람들과 통솔하는 사람 모두의 능력이 뒷받침되어야 한다. 이 중 하나의 실력만 부족해도 최고의 결과는 얻지 못한다.

이런 사실에서 미루어볼 때 사장과 직원의 관계는 '파트

너십'임을 알 수 있다. 파트너십이란 서로가 최선을 다할 때 대등한 관계를 이룬다는 뜻이다.* 하지만 이런 사고방식을 갖추지 못한 많은 사장이 팀 구축에 실패한다.

사실 직원이 파트너라고 진심으로 느끼기 어려울 때가 있다. 능력이 부족한 의존형 직원들로 둘러싸여 있다면 더욱 그럴 것이다. 하지만 이런 상황에 익숙해져서 파트너십이라는 기본 원칙을 망각하면, 능력 있는 자립형 직원과의 관계를 구축하기 어려워진다. 즉 회사에 가장 필요한 직원과의 관계를 구축할 수 없게 되는 것이다.

사장은 직원 위에 군림해야 한다고 생각하지 않는가?

고용인이므로 명령해도 된다고 생각하지 않는가?

우수한 사람들은 직위로 움직이지 않는다. 직위로 움직일 수 없다. 역할로 움직이는 것이다. '사장'도 하나의 역할에 불과하다. 우수한 사람들과 멋진 조화를 이루어 최고의 결과를 얻고 싶다면, 이 사실을 결코 잊어서는 안 된다.*

실제로 작은 회사에서는 사장에게 압도적으로 힘이 치우쳐 있는 경우가 많다. 따라서 현실적으로는 대등하지 않다. 만약 대등한 관계를 형성할 수 있는 인재가 있다면 그야말로 엄청난 가치가 있다. 소중하게 생각하라.

이인자의 존재
오른팔이 있는가?

사장의 일은 회사를 영원히 지속하기 위한 '모든 일'이다. 이 임무에서 결코 벗어날 수 없다. 하지만 아무리 우수한 사장이라도 혼자서 이 모든 일을 맡을 수는 없다. 자신 있는 분야도 있지만 그렇지 못한 분야도 있다.

그래서 경영 파트너(=오른팔)가 있는 편이 유리하다. 그리고 그 관계는 '상호보완적'인 형태가 바람직하다. 우수한 사람끼리 상호보완적인 관계를 바탕으로 팀을 구축하면 그 효과는 실로 어마어마하다.

그런데 많은 실패하는 사장은 마음이 편하다는 이유로 자신과 가까운 사람이나 비슷한 사람을 파트너로 선택한다.

이인자의 존재 가치를 제대로 알고 있는가?

자신과 다른 우수성을 갖춘 인물을 선택하는가?

되돌아보라.

육성의 책임

**부하 직원이 성장하지 못하는 이유를
'부하 직원의 탓'으로 돌리지 않는가?**

성공을 지속하는 회사는 사람을 키운다. 하지만 많은 사장이
이렇게 하지 못한다. 그래서 많은 회사가 불안정하다. 많은 사장
이 사람을 키우지 못하는 근본적인 원인은 육성하는 능력이 부
족해서가 아니다. 다름 아닌 사장의 자각 때문이다.

사람을 키우는 일은 분명히 어렵다. 그래서 사장들은 이를
방패막이로 "인재를 육성하기가 너무 어렵다."라며 탄식한다. 사
람을 키울 각오도 역량도 없이 핑곗거리만 찾는 사장은 "우리 직
원 중에는 괜찮은 인재가 하나도 없어."라며 투덜댄다.

당신도 그런 사장 가운데 하나가 아닌가?

부하 직원이 성장하지 못하는 책임을 부하 직원의 탓으로 돌리지 않는가?

부하 직원이 성장하지 못하는 것은 사장의 책임이다. 상사가 부하 직원을 육성하지 못하는 것은 사장의 책임이다. '인재를 키우는' 무엇보다 중요한 이 일의 모든 책임은 상사에게 있다.

사장은 전 직원의 상사이다.

따라서 사장은 부하 직원을 '육성하는 책임'을 확실하게 져야 한다.

1,000번 되풀이할 각오

1,000번을 말하는가?

"그렇게 분명히 말했는데…", "알아듣게 말했건만…", "왜 못하는 거야?", "왜 못 고치는 거지? 어느 회사의 사장실에서든 들을 법한 말이다. 하지만 이렇게 탄식만 하는 사장은 팀을 구축할 수 없다. 사람을 키울 수가 없다. 그래서 성공을 지속하기가 어렵다.

사장은 진심으로 이해해야 한다. 사람은 쉽게 변하지 않는다는 사실을 깊이 이해해야 한다.

사람은 금방 달라질 수 있다고 착각하지 않는가?

한 번 말하면 사람이 금방 바뀔 것이라고 생각하지 않는가?

강제적인 매니지먼트로 사람을 쉽게 바꿀 수 있다고 생각해서는 안 된다. 이런 생각을 전제하지 않으면 사람을 키울 수 없다. 누구나 마음 한구석으로 변화하여 성장하기를 갈망한다. 그 바람을 이룰 수 있도록 도와주는 것이 사장의 중요한 역할이다. 부하 직원의 성장을 지지하기 위해 사장이 할 수 있는 가장 간단한 방법은 '무엇이든 가르쳐주는' 것이다.

'한 번 말하면 달라질 수 있어'라고 생각하는가?

'얼마나 말해야 알아듣는 거야'라며 한탄하는가?

같은 말을 1,000번 되풀이할 각오를 하라.

이것이 사장의 역할이다.

의욕 매니지먼트
'의욕'을 '매니지먼트'하는가?

경영은 사람이 사람을 위해서 하는 사람의 활동이다. 그래서 사람의 '의욕'이 중대한 의미가 있다. 특히 작은 회사에서는 구성원 한 사람 한 사람의 의욕이 막대한 영향을 주고받는다. 그래서 의욕이 넘치는 분위기를 조성하려고 커뮤니케이션의 빈도를 늘리는 사장이 많다. "조금만 더 힘내세요!", "이렇게 하면 안 됩니다!"라고 반복해서 말해 구성원들의 의욕을 높이려고 한다. 분명히 이것 역시 괜찮은 방법이다.

하지만 이런 방법으로는 직원들의 자발적인 의욕을 불러일으키지는 못한다. 게다가 의욕에 대한 사장의 기복에 따라 팀 전체의 의욕이 오르락내리락하게 된다. 이래서는 아무리 시간이 지나도 팀의 의욕이 안정되지 못한다.

사람의 의욕에는 기복이 있다. 그러므로 먼저 '의욕을 매니지먼트한다'는 발상을 하라. 구성원의 의욕을 뒷받침하는 가장 효과적인 방법 가운데 하나로 '칭찬의 소리'를 모으는 구조를 들 수 있다.

사람은 다른 사람에게 칭찬을 들으면 의욕이 생긴다. 자신이 한 일로 다른 사람이 즐거워할 때 사람은 가장 행복감을 느끼고 더욱 분발하고 싶어진다. '감사합니다', '큰 도움이 되었습니다'라는 인사를 들으면 힘이 난다. 누군가에게 도움이 된다. 사회에 필요하다. 이런 사실을 깨닫게 되면 자신이 하는 일을 긍정할 수 있다. 그리고 이것이 의욕과 직결된다.

그래서 고객이나 관련된 사람들의 감사와 칭찬의 소리는 의욕을 뒷받침하는 든든한 버팀목이 된다. 고객이 보내는 칭찬의 소리는 마음의 영양제이며 의욕의 원천이다.

칭찬의 소리를 적극적으로 모으고자 노력하는가?

칭찬의 소리를 구성원 전체와 공유하고자 노력하는가?

이것을 구조화했는가?

그렇지 않다면 지금 당장 준비하라. 구성원의 의욕이 고갈되기 전에.

잘 되는 팀의 제1조건

험담이 만연하지 않는가?

팀을 좋은 방향으로 바꾸고 싶다면 가장 먼저 실천해야 할 일이 있다. 바로 '동료를 험담하지 않는 분위기'를 만드는 것이다. 잘 되는 팀에는 없고 안 되는 팀에는 있는 것이 있다. 바로 험담과 뒷담화이다. 험담, 뒷담화 문화가 팀에 존재하는 한, 팀은 개선되지 않는다.

동료를 험담하지 않는가?

그것이 부끄러운 행위라는 사실을 가르치는가?

험담, 뒷담화는 팀을 판단하는 기준이다. 항상 경계하며 험담, 뒷담화가 없는 팀을 만들려고 노력하라.

이것이 잘 되는 팀의 제1조건이다.

작은 회사의 채용 전략

작은 회사이기 때문에 가능한 '채용 전략'이 있는가?

작은 회사일수록 채용이 중요하다. 작은 회사에서는 한 사람이 전체에 미치는 영향력이 크기 때문이다. 1,000명이 근무하는 회사에서는 한 사람의 영향력이 불과 0.1%이다. 하지만 10명이 근무하는 회사에서는 한 사람이 10%의 영향력을 미친다. 그래서 채용이 무엇보다 중요하다.

그러나 작은 회사는 대기업 같은 채용 활동이 불가능하기에 지레 겁을 먹고 포기하는 사장이 많다. 하지만 모두 대기업과 동일한 선상에서 경쟁할 필요는 없으며, 그렇게 해서도 안 된다.

작은 회사에는 작은 회사만이 할 수 있는 채용 전략이 있다.

'작은 회사의 채용 전략'은 작은 것을 장점화하는 것이다. 대기업처럼 규모나 지명도, 복리후생 등으로 경쟁하지 말고, 작은 회사이기에 가능한 특권을 살려 인재를 불러들이는 것이다. 작은 회사이기 때문에 제공할 수 있는 특권을 찾는 구직자는 분명 주류는 아니다. 하지만 그중에 인재가 상당수 있다는 사실 또한 분명하다. 어느 시대든 새로운 것에 도전하는 사람은 존재한다.

대기업과는 다른 가치가 있음을 의식하고 있는가?

작은 회사가 지닌 가치를 부각시키는가?

'작은 회사의 특권'을 '장점화'하여 인재를 모집하고 채용하라.

작은 회사의 일곱 가지 특권

1. 성장 여력이 있다.
2. 회사의 미션이나 사명감을 편안하게 이야기할 수 있다.
3. 도전하기 좋은 환경이며 자기 역량의 비중이 크다.
4. 팀의 일체감을 형성하기 좋다.
5. 커뮤니케이션이 자유로운 분위기와 업무 환경을 갖췄다.
6. 사장과 가까이에서 일할 수 있다.
7. 경영에 직접 참여할 기회가 있다.

사장의 영향력
당신의 말과 행동에 문제는 없는가?

아이는 부모 흉내를 내고 싶어 한다. 아이는 어른 흉내를 내고 싶어 한다. 이는 좋은 현상이자 나쁜 현상이다.

회사의 직원도 마찬가지다. 상사 아래에서 일하는 부하 직원도 마찬가지다. 아랫사람은 윗사람을 따라 한다. 그런데 따라 하기 어려운 일은 대개 따라 하지 않는다. 아무리 훌륭한 일이라고 해도 어렵고 힘든 일이면 쉽게 따라 하지 않는다.

반대로 간단한 일은 쉽게 따라 한다. 그것이 나쁜 것이라도 금방 따라 한다. 부하 직원은 쉽게 할 수 있는 것부터 따라 한다. 좋은 일이기 때문에 따라 하는 것이 아니다. 상사는 이 사실을 간과해서는 안 된다.

상사의 상사는 사장이다. 그러므로 사장의 말과 행동은 정도의 차이는 있지만 아래로 전달된다. 아래로 전염되어 간다.

당신의 말과 행동에 문제는 없는가?

다른 사람이 따라 해서는 안 될 일을 하지는 않는가?

당신의 말과 행동이 가장 바람직하지 못한 형태로 확대 해석되어간다.

그것이 바로 회사라는 사실을 명심하라.

이익 공식

'이익 공식'대로 움직이는가?

이익은 단순한 공식으로 성립된다.

매출 − 비용 = 이익

경영을 지속할 수 있을지 없을지는 이 공식을 '흑자로 지속하는 능력'에 달렸다. 그렇다면 사장이 나아갈 방향은 단 두 가지다.

1. 매출을 늘린다.

2. 비용을 줄인다.

이는 누구나 잘 아는 사실이지만 누구나 가능한 일은 아니다. 이를 잘 아는 사장은 많지만 가능한 사장은 적다. 그래서 성공을 지속하는 회사가 적다. 회사가 성장해서 규모가 커지거나 바빠지면, 지나치게 생각이 복잡해지면서 이 단순한 공식을 잊어버린다. 그리고 자신의 일이라고 믿는 것에 몰두한다.

이익 공식과 관계없는 일을 벌이지는 않는가?

당신이 오늘 한 행동은 위의 두 가지 방향과 부합하는가?

항상 이익을 의식하면서 행동하는가?

이익은 수단에 불과하다. 하지만 이익이 없으면 경영의 목적을 달성할 수 없다. 이를 늘 의식하며 지속적으로 이익을 내는 사장이 되도록 노력하라.

이익의 목적

왜 이익을 내야 하는가?

일시적으로 고객에게 만족을 주고 싶다면, 가치가 있는 상품을 가치 이하의 가격으로 제공하여 적자를 내면 된다. 이렇게 하기는 무척 쉽다.

지속적으로 사회에 도움이 되고 싶다면, 가치 있는 상품을 가치에 부합하는 가격으로 제공하여 적정한 이익을 내야 한다. 이렇게 하기는 쉽지 않다.

경영에는 수많은 사람이 관련되어 있다. 그래서 지속하지 못하면 수많은 사람에게 피해를 준다. 다른 사람에게 도움을 주어야 할 경영이 다른 사람에게 피해를 주어서는 안 된다. 그러므로 사장은 '경영의 지속'을 우선으로 생각해야 한다.

하지만 실패하는 사장은 이익을 내는 행위가 고객에게 만족을 주는 일에 어긋난다고 생각한다. 이런 변명을 방패막이로 이익을 창출하는 어려움을 회피하려고 한다. 그래서 결국 실패한다.

이익을 내는 일에서 도망치지 않는가?

일시적인 만족을 제공하는 일에 빠져 있지 않은가?

고객에게 만족을 주는 일과 이익을 창출하는 일을 양립하되 균형을 잡아야 한다. 이익은 회사와 고객이라는 멋진 관계를 지속하기 위해 존재한다.

이익의 종류

몇 종류의 '이익'을 얻는가?

회사에서 이익은 혈액이나 마찬가지다. 이것이 없으면 움직이지 못한다. 따라서 당연히 이익에 관심을 기울여야 함에도, 많은 사장이 이익의 본질을 제대로 이해하지 못하고 있다.

당신은 회사의 이익 가운데 몇 종류나 체크하는가? 이익이나 이익률에는 여러 종류가 있고, 그중 사장이 체크해야 할 이익은 최소 여섯 가지다. '여섯 가지 이익'으로 '여섯 가지 능력'을 점검해라.

1. 순이익(순이율) = '사업부가가치력'(가치를 창출하는 능력)

2. 영업이익(영업이익률) = '사업력'(사업을 운영하는 능력)

3. 경영이익(경영이익률) = '경영력'(전체적인 경영 능력)

4. 직원 1인당 순이익 = '인재 1인당 생산력'(직원의 생산 능력)

5. 총자산이익률='투자력'(경영 자원을 활용하는 능력)

6. 이월이익잉여금='경영지속력'(장기간 경영을 지속하는 능력)

　사업의 유형이나 규모에 따라 적정한 비율과 금액은 다르지만, 각 능력을 향상시키는 일은 어느 회사에서든 중요하다.

당신 회사의 '여섯 가지 이익'에는 문제가 없는가?

당신 회사의 '여섯 가지 능력'에는 문제가 없는가?

항상 긴장하고 점검해라.

지급 전 이익

'지급 전 이익'을 의식하는가?

사람은 도구나 수단이 아니다. 사람은 목적이다. 그래서 인건비를 삭감해 이익을 내려는 행위는 바람직하지 않다. 이는 최후의 수단으로, 가볍게 손댈 수 있는 수단이 아니다. 실패하는 많은 사장은 이 수단을 쉽게 사용한다. 반면에 성공을 지속하는 사장 대부분은 이 수단을 '금기시'한다. 그래서 '지급 전 이익'을 필사적으로 지키려 한다.

지급 전 이익 = 매출 − 변동비용 − 고정비용(급여, 임원 수당을 제외한 것)[※]

이것이 회사의 실질적인 이익이다. 그리고 여기에서 이익 배분을 한다. 이익 배분에서 가장 먼저 나누어야 하는 몫은 직원 급여다. 직원 급여는 그 사람의 공헌도에 따라 결정해야 한다. 하지만 사장은 공헌도보다 안정성이 더 중요하다는 사실을 잊어서는 안 된다.

'사원의 급여를 안정시키지 못하면 사장이 아니다'

이런 각오로 '지급 전 이익'을 사수하라.

이렇게 이를 악물고 애쓰는 과정을 통해 회사의 성장은 물론 사장으로서의 실력도 비약적으로 향상할 것이다.

※ '지급 전 이익'이란 일반적인 회계에서 사용하는 이익의 종류가 아니다. 매출에서 사원과 임원의 급여를 제외하고 회사가 가치를 제공하는 데 필요한 모든 비용을 뺀 금액이다.

목표이익률

목표이익률을 몇 퍼센트로 설정하는가?

회사가 목표로 하는 경상이익률은 업계나 사업 규모에 따라 다르다. 하지만 위의 질문에 대한 대답을 준비하는 과정에서 그것이 상상 이상으로 '높아야 할' 필요가 있다는 것을 알 수 있다.

'당신의 회사의 매출이 1년 사이에 하락할 가능성은 몇 퍼센트인가?'

작은 회사라면 30% 정도의 매출은 충분히 떨어질 가능성이 있다. 이 경우, 3년 동안 매년 5%의 이익을 낸다고 해도 세금을 내고 남는 돈은 9%(3%X3)이다. 그리고 4년에 한 번씩 매출이 좋지 않은 해가 있다면, 순이익에 따라서도 달라지겠지만 잉여금은 거의 없는 셈이다.

그런데 많은 사장이 5% 정도의 이익률에 쉽게 안도한다. 또한 자금 관리에도 소홀해진다. 그래서 몇 년에 한 번씩 매출이 하락하면 바로 자금 순환이 어려워져서 곤궁해지는 회사가 많다. 작은 회사는 이익률이 5%이더라도 현실적으로 위험에 대한 준비가 거의 되어 있지 않다고 볼 수 있다.

5%의 이익률에 만족하고 있지 않은가?

미래를 위해서 적어도 '10%'를 목표이익률로 잡아라.※

※ 경상이익률을 반드시 10%로 잡을 필요는 없다. 이익의 절대 금액이 적을 때는 임원 급여로 떼어두고, 사장 개인이 회사에 언제든 출자나 대출이 가능하도록 해두면 된다. 상장 기업의 평균 경상이익률은 약 3%이지만, 안정도와 자본력이 압도적으로 차이 난다. 그러므로 절대로 대기업을 본보기로 삼아서는 안 된다.

이익의 재투자

이익을 어떤 식으로 재투자하는가?

'눈덩이가 굴러가듯 돈을 벌었다…….' 사장이라면 이런 경험 한두 가지는 들어본 적이 있을 것이다. 분명히 경영이 순조롭게 진행되면 그런 상황을 경험하게 될 때가 있다.

하지만 이것을 경험할 수 있는 것은 눈사람 안에 넣는 '심'을 만들 수 있는 사람뿐이다. 하루하루 경영하기에 급급한 사장은 이 심을 만들 수가 없다. 심이 없으면, 아무리 열심히 눈덩이를 굴려도 커지지 않는다. 그래서 심을 만드는 작업이 급선무다. 이 심을 만드는 데 필요한 것이 재투자다.

어떤 회사든 재투자에는 다음 네 가지가 필수이다.

1. 상품 가치를 향상시키기 위한 **'개발 투자'**

2. 인지력, 영업력을 높이기 위한 **'광고 투자'**

3. 팀 능력 향상을 위한 **'교육 투자'**

4. 생산성을 높이기 위한 **'설비 투자'**

작은 회사는 재투자 금액이 많지 않으므로, 재투자를 할 우선순위를 정하는 것 또한 중요하다. 우선순위는 업계나 상황에 따라 다르지만 대체로 1→4의 순서가 바람직하다. 이익이 나거나 현금흐름에 여유가 생겼을 때, 소비하고 싶은 충동을 꾹 누르고 미래를 위해 투자해라.

이것이 '눈사람을 불리는 심'이 된다.

투자 감각

'투자 감각'을 연마하는가?

실패하는 사장은 어떤 의미에서 '투자'에 실패했다고 할 수 있다. 투자를 광범위한 의미에서 볼 때 그 분모(Input)는 돈만이 아니라 자신의 에너지이기도 하고, 시간이기도 하다. 즉 우리는 매 순간 투자한다고 해도 과언이 아니다. 투자처를 잘못 선택하면, 당연히 좋은 결과를 얻지 못한다.

성공을 지속하는 사장은 투자처 선택에 실패하지 않는다. 항상 투자 대비 효과가 높은 것부터 우선하여 투자해나간다. 반대로 투자에 서툰 사장은 필요 없는 곳에 돈을 사용하고 필요한 곳에 돈을 사용하지 않는다. 이는 몇 배의 차이가 아니라 '차원이 달라지는 간격'으로 벌어진다.

그래서 '투자 감각'을 연마해야 한다. 투자 감각 향상은 '모든 것이 투자다'라고 생각하는 데서 시작한다.

'그에 따른 대가는 무엇인가?', '그 액수는 얼마나 되는가?'

이런 기준에서 모든 소비를 투자로 보고 돈을 쓰는 습관이 투자 감각을 키워준다.

'사장은 소비하지 않는다. 모든 소비는 투자다.' 오늘도 이 사실을 잊지 말고 돈을 써라.

가장 현명한 투자
'가장 현명한 투자처'를 아는가?

사장에게 가장 현명한 투자처는 다름 아닌 '자신'이다. **수입을 스스로 변화시킬 능력이 있는 사장이라면, 자신에게 투자할 때 가장 큰 대가가 돌아온다는 사실을 조금만 생각하면 알 수 있을 것이다.** 그 수익률은 압도적이다. 전 세계의 어떤 투자처보다 훨씬 높다. 차원이 다르다.

사장의 자기 투자는 10만 원을 10억 원으로 만들 가능성이 있다. 이런 투자처는 전 세계를 다 뒤져도 찾기 어렵다. 그런데 많은 사장이 이를 깨닫지 못하고 있다. 조금이라도 이율이 좋은 투자처를 찾아 헤매거나 자기 투자를 소홀히 한다.

그래서 오히려 자신에게 교육이라는 투자를 하여 배우고 실행하는 사람은 압도적인 차이를 내며 성공을 거둔다.

'사장의 자기 투자'에는 무한한 가능성이 있다. 이 사실을 틈틈이 되새겨라.

세금

세금을 잊지 않았는가?

사업이 잘 되어 큰돈이 들어올 때 바로 사장은 가장 보람과 행복을 느낀다. 하지만 여기에서 잊지 말아야 할 사항이 있다. 그 돈이 전부 회사의 것도, 자신의 것도 아니라는 사실이다.

성공하면 '세금'이 부과된다.※ 하지만 처음 성공을 경험한 사장은 세금 같은 것은 잘 모른다. 그 중대성을 모른다.

그래서 기분 좋게 소비해버리거나 과도하게 재투자한다. 그리고 자금난에 빠진다. 성공했음에도 스스로 발목을 잡는다. 이보다 안타까운 일은 없다.

들떠서 정신없이 소비하지는 않는가?

세금을 염두에 두고 있는가?

성공을 거뒀을 때야말로 정신을 바싹 차려라.

사장이라면 세금을 잊지 말아야 한다.

※ 세금 중에서도 소비세를 기억하라. 소비세는 일종의 보증금이다. 국가를 대신하여 기업이 회수하는 돈이므로, 매출이 늘면 덩달아 소비세도 증가한다. 이익이 나도 경비에서 인건비가 차지하는 비율이 높은 사업이라면 특히 주의한다. 한 치의 오차도 없이 소비세가 부가된다. 사업 구조에 따라 다르지만 수지가 ±0이라면 매출의 1.5% 정도를 각오하라. 또 사장 개인의 소득세가 있다. 사장의 임원 급여를 올리면 회사의 법인소득세는 낮아지지만, 사장 개인의 소득세는 증가한다. 주민세 등은 전년도를 기준으로 계산되므로 수입이 많은 해에는 그다음 해의 세금에 주의를 기울여야 한다.

세금 지식과 훈장

'사장 훈장'을 받았는가?

사장의 성공을 간단하게 가늠하는 방법이 있다. 바로 '세금 지식'이다. 세금에 관한 지식은 사장의 성공 정도에 따라 판이하다.

실패하는 사장은 세금에 대해 모른다.

성공하는 사장은 세금에 대해 잘 안다.

성공을 지속하는 사장은 세금에 대해 잊어버린다.

경영이 미숙한 동안에는 세금은 없는 것이나 마찬가지인 존재다. 그래서 의식할 필요가 없다. 하지만 한 번 성공하면 세금이 막대한 지출 항목 가운데 하나라는 사실을 깨닫게 될 것이다. 지출에 대해서 사장이 자세하게 아는 것은 당연하다. 그래서 성공한 사장은 세금에 대해 잘 안다.

세금은 처음에는 의미가 없는 지출처럼 느껴진다. 세금을 얼마나 내든 그 대가로 경영의 질이 좋아질 리 없기 때문이다. 하지만 계속해서 세금을 내는 동안 또 다른 의미를 깨닫게 된다. 성공할수록 세금 부담이 커진다는 것이다. 그리고 그 돈으로 사회는 더욱 발전해간다. 그래서 세금은 '사장 훈장'이라고도 할 수 있다. 이 사실을 제대로 깨닫는 순간부터 세금에 대해 잊을 수 있다.

세금을 정확하게 알고, 세금을 잊을 수 있도록 하라.

많은 세금을 내서 '사장 훈장'을 받을 수 있도록 하자.

이유를 모르는 성공

'매우 위험한' 상태를 아는가?

전 세계에 성공하는 회사는 얼마든지 많다. 하지만 성공하는 회사는 전혀 다른 성격의 두 종류로 나눌 수 있다.

(A) 왜 잘 되는지 '모르는' 회사.

(B) 왜 잘 되는지 '아는' 회사.

실제로 (B)에 해당하는 회사는 압도적으로 적다. 그래서 (A)와 (B) 회사 사이에는 엄청난 차이가 있다.

경영이 위험한 상태란 회사가 전속력으로 추락하는 것만을 의미하지 않는다. 성공하든 실패하든 왜 회사가 현재 상태인지 '정확하게 알지 못하는 상태'가 바로 '위험'이라고 할 수 있다.

'왜 회사가 현재 상태인가?'

'무엇이 현재의 상태를 만들었는가?'

어느 순간이든 회사를 정확하게 파악하는 습관을 길러라. 실패의 원인을 모르는 사장도 위험하지만, 성공의 이유를 알지 못하는 사장도 위험하기는 마찬가지다.

100-1=0

'100-1=99'라고 생각하는가?

학교 시험에서는 한 문제를 틀리면 1점을 잃는다(100-1=99).

하지만 현실 사회는 다르다(100-1=0).

이렇게 될 위험성이 있다. 1점에는 무시무시한 위력이 있다. 성공을 지속하는 사장은 대체로 낙관적이고 긍정적이지만, 동시에 1점의 위력을 잘 안다. 그래서 1점을 두려워한다.

1점의 위력을 알고 있는가? 1점에 연연하는가? 성공을 지속하고 싶다면 1점을 소중히 여겨라.

범죄를 저지르지 않는 책임

범죄의 유혹에 넘어가지 않는가?

회사에서 '범죄'를 일으킬 가능성이 있을까?

'있다' – 성공을 지속하는 사장은 이렇게 생각한다.

'없다' – 범죄를 저지를 가능성이 큰 사장은 이렇게 생각한다.

범죄를 저지를 가능성이 큰 사장은 사람에 대해 신중하게 생각하지 않는다. 또 귀찮은 작업은 하려고 하지 않는다.

그래서 "나는 직원들을 신뢰합니다."라고 말한다. 얼핏 멋있어 보이지만 가장 안이하고 무책임한 방법을 선택한 것이다.

그리고 결국 범죄를 일으킨다. 사람은 그렇게 강하지 않다. 아무리 착한 사람이라도, 아무리 신뢰할 수 있는 사람이라도 가족이 병에 걸려서 돈이 필요하거나 궁지에 몰리면 범죄에 손을 댈 수도 있다.

절박한 상황에서 신뢰할 수 있는 직원의 마음이 흔들릴 때, 자신이 아끼는 직원의 마음이 혼란스러울 때 절대 범죄를 저지를 수 없는 구조를 갖추는 것이 사장이 할 일이다.

'믿는다'라는 말만 하고서 손 놓고 있는 무책임한 태도보다 범죄가 일어나지 않을 구조를 구축하여 직원들을 유혹에서 자유롭게 해주는 것이 진정한 배려다.

※ 특히 현금을 취급하는 업종에서는 문제가 발생하기 쉽다. 음식점이 그 전형적인 예다. 매출과 원가를 장부에 기입하는 일, 가게에 필요 이상의 현금을 두지 않는 등 직원들에게 돈에 철저하다는 인식을 주도록 한다. '통장과 인감을 직원에게 맡긴다'라고 자랑스럽게 이야기하는 사장이 간혹 있는데, 그것은 어디까지나 자기만족일 뿐이다. 돈을 맡고 있는 직원이 받는 스트레스는 엄청나다. 사장은 그 스트레스를 떠넘겼을 뿐이다. 결코 자랑거리가 아니다.

자본 정책

'자본 정책'을 고려하는가?

"내가 출자해도 되겠나?"

사업이 순조로워지기 시작하면 이런 제안을 하는 사람이 나타난다. 성장기에 들어선 회사 대부분은 자본이 필요하기에 무척 매력적인 제안일 것이다. 하지만 이 시기에 쉽게 주식을 팔아버리면 나중에 후회하게 된다.

'자본 정책'이란, 회사의 주식을 관리하는 일이다. 회사에서는 가장 많은 주식을 보유한 주주가 회사의 중대 사항을 결정할 권리를 가진다. 따라서 경영 자주권을 지키고 싶다면, 주식을 쉽게 팔아서는 안 된다. 적어도 67% 이상 주식을 보유하라.

전문가 집단

'전문가 집단'을 보유하는가?

모르면 손해를 본다. 경영을 하다 보면, 알아야 할 자질구레한 지식이 예상보다 많다. 하지만 모든 내용을 사장이 다 공부하기란 현실적으로 불가능하다. 그 분야의 전문가가 10년 이상 걸려서 얻은 모든 지식을 빠르게 얻으려다가는 더 중요한 부분을 소홀히 하게 된다. 더 큰 손해를 초래하게 되는 것이다.

전문가에게 맡길 수 있는 일에 자신의 시간을 소비하지는 않는 가? 전문가에게 맡기지 않아서 경영을 위험에 노출시키지는 않는가?

'전문가 집단'을 보유하라. 그런 다음, 마음 놓고 사장이 해야 할 일에 전념하라.

가장 강력한 경영 자원

현금을 보유하고자 노력하는가?

사장에게 가장 중요한 자원은 다름 아닌 신용이다. 하지만 이 것은 눈에 보이지 않는다. 눈에 보이는 대차대조표에 나타나는 경영 자원 중 가장 중요한 부문은 현금이다. 현금은 교환성이 높은 자원이다. 다시 말해 변화에 강하다는 의미다.

생물과 사회 모두 끊임없이 변화하는 세계에서 살아가는 한, 변화에 강한 자가 살아남는다. 그러므로 더욱 현금에 집착하라.＊

＊ 매월 최종예금잔고를 월 고정비의 1→2→3개월분으로 높이는 것을 목표로 삼으 면 좋다.

고객의 분산

고객 한 사람에 대한 의존도가 26% 이상인가?

'이 고객과의 관계가 영원히 지속될 것이다.' 이렇게 착각한 순간부터 회사의 쇠락이 시작된다. 고객은 영원하지 않다. 이를 전제로 전반적인 경영을 고려할 수 있는 사장만이 성공을 지속한다.

소수의 고객으로 유지되는 비즈니스는 오르막에는 강하지만 내리막에는 약하다. 중소기업이나 벤처 기업이 매출 급감의 위기에서 감당 가능한 매출 낙폭은 25%가 한계다. 이 이상 갑작스러운 매출 감소가 발생하면 사업을 지속하기가 상당히 어려워진다. 고객 한 명에 대한 의존도가 26% 이상이 아닌가? 점검하여 고객을 분산시켜라.

스톡형 비즈니스

내일의 매출이 확실한가?

세상에는 두 종류의 사업이 있다. '내일의 매출이 불확실한 비즈니스'와 '내일의 매출이 확실한 비즈니스'. 이 두 가지를 다음과 같이 부른다.

1. 플로(Flow)형 비즈니스

2, 스톡(Stock)형 비즈니스

어느 쪽이 더 좋을까? 어느 쪽이 더 안심하고 잠자리에 들 수 있을까?

자신이 하려는 사업이 스톡형을 실현하기 어려운 경우도 있다. 하지만 플로형이 주체인 사업이라도 대개 부분적으로 스톡형을 조합할 수 있다.

예를 들면, 플로형 비즈니스에서도 회원 조직 등을 구성해서 자그마한 서비스를 '지속적으로' 제공하는 형태는 가능하다. 이런 식으로 스톡형을 조합하면, 안정적인 매출을 확보하는 동시에 고객과의 접점을 늘린다는 의미에서 효과적이다.

당신의 회사는 내일의 매출이 확보되어 있는가?

스톡형 비즈니스를 의식하는가?

회사의 매출 구조를 한번 검토해보라.

현금 장사

'현금 장사'를 하는가?

플로형 비즈니스는 불안정하다. 그래서 실패하기 쉽다. 음식점이 그 전형적인 예이다. 하지만 규모와 방법에 따라 음식점은 매우 안정적인 비즈니스가 될 수 있다. 왜 그럴까?

바로 '현금 장사'이기 때문이다.

음식점은 매일 현금이 들어오면서도 대금 지불 등은 월말에 이루어지므로 자금 운영적인 측면에서 매우 효율적이다. 골목의 작은 음식점이 수십 년 동안이나 같은 자리를 지키는 이유 가운데 하나가 바로 이것이다. 그래서 성공을 지속하는 회사는 현금 장사를 중시한다.

현금 경제에서 '현금 장사'의 의미는 음식점이나 소매점처럼 매일 현금을 주고받는 형태가 아니다. '가치 제공'과 '가치 입금'의 시간 차이를 되도록 '0'으로 만든다는 뜻이다.

현금 장사를 의식하는가?

대가에 대한 보수를 가급적 빨리 받을 방법을 모색하는가?

관행에 얽매이지 말고 고민해라. 돈이 제대로 흐르면 경영이 훨씬 수월하다.

클레임에 대한 각오

클레임을 각오하는가?

클레임을 회피하는 회사는 미래가 없다. 아무리 성공 가도를 달리는 회사라도 클레임은 발생하기 때문이다. 성공을 거듭할수록 많은 사람을 접하게 된다. 그 사람들은 저마다 전혀 다르게 생각하고 느낀다. 그래서 어떤 사람은 쾌적하다고 느끼는 한편 다른 어떤 사람에게는 불쾌하게 느낄 가능성이 있다.

즉, 맞춤식으로 제작된 상품을 제공하지 않는 한 클레임은 반드시 발생한다. 하지만 그렇다고 해서 클레임을 방치하면 신뢰를 잃는다. 경영은 신뢰를 잃으면 끝이다. 그러므로 클레임을 외면해서는 안 된다. 클레임과 정면으로 마주해야 한다.

사장은 무엇보다 먼저 이런 각오를 다져야 한다.

클레임의 존재를 인정하는가?

클레임을 외면해서 불에 기름을 붓는 행위를 하지 않는가?

실질적으로 클레임을 완성시키는 것은 바로 회사다. 최초의 클레임은 사실 클레임이 아니다. 그 대응이 잘못되었을 때 진정한 클레임이 된다. 매일 쏟아지는 클레임을 대응하는 데만 급급한 사장은 이 사실을 모른다. 그래서 불에 기름을 붓는 행위를 계속한다.

클레임을 클레임으로 완성하는 것은 클레임을 제기한 쪽이 아니라 클레임을 받는 쪽인 셈이다.

성공을 지속하고 싶은 사장은 이 사실부터 깨달아야 한다.

클레임 완성 방법

1. 소극적인 자세로 대충 무마하려고 한다.

2. 반발하거나 반론한다.

3. 보고하지 않고 시간을 끈다.

4. 해결하려는 태도를 보이지 않는다.

이 점에서 당신의 회사는 문제가 없는가?

당신 회사의 직원은 문제가 없는가?

위 내용을 점검하고, '클레임 대응의 네 가지 원칙'을 준수하라.

클레임에 대응하는 네 가지 원칙

1. 회피하지 않는다(진지하게 받아들인다).

2. 반발하지 않는다(죄송하다는 마음으로 냉정하게 상황을 듣는다).

3. 보고한다(상황을 수시로 보고한다, 방치하지 않는다).

4. 움직인다(해결 가능하든 그렇지 않든 무조건 행동한다).

클레임에는 정면으로 대응한다. 진지하게 대응할수록 클레임이 두렵지 않게 된다.

고객을 선택할 권리

억지를 부리는 고객에게 'NO'라고 말하는가?

'두 번 다시 오지 마십시오.'

우리는 고객에게 이렇게 요청할 권리가 있다. 고객이 회사를 선택할 권리도 있지만, 회사가 고객을 선택할 권리도 있다. 제공자와 수익자, 회사와 고객은 '표리일체'의 관계다. 둘 중 어느 한쪽이 없으면 사업은 성립되지 않는다. 제공자에게는 수익자가, 수익자에게는 제공자가 필요하다. 그러므로 본래 제공자와 수익자는 업무적으로 대등한 관계다.

이 관계를 이해하지 못하고 막무가내로 행동하고 억지를 부리는 사람은 고객이 아니다. 이런 사람을 고객으로 삼을 필요는 없다.

억지를 부리는 고객의 하수인 노릇을 하지는 않는가?

단호하게 거절할 용기가 있는가?

'우리는 고객을 선택할 권리가 있다.'

이런 자세로 또 그에 부합하는 노력을 한다면, 고객이 먼저 그 회사를 선택할 것이다.

그러므로 본래의 관계성을 이해하지 못하는 막무가내인 고객, 억지스러운 요구를 해오는 고객에게는 "두 번 다시 오지 마십시오."라고 정중하게, 하지만 단호하게 말할 수 있는 회사가 되도록 하라.

모니터링 능력

신문을 지나치게 읽지는 않는가?

변화는 '기회'다. 동시에 변화는 '위협'이기도 하다. 그래서 사장은 변화에 엄청나게 민감해져야 한다. 하지만 모든 변화를 파악하기란 매우 어렵다. 사회에서는 모든 것이 끊임없이 변화하기 때문이다.

변화는 상대적인 것이다. 따라서 변화를 완벽하게 모니터하려면 모든 변화를 파악해야 한다. 이는 불가능하다. 그러나 많은 사장은 이 사실을 제대로 이해하지 못한다. 그래서 열심히 신문을 읽는다. 빠짐없이 뉴스를 시청한다. 비즈니스 잡지를 몇 권씩 구입한다.

물론 그 자체는 나쁘지 않다. 하지만 그보다 중요한 것이 있다. 바로 '회사의 변화'를 아는 것이다.

회사의 변화에는 눈을 돌린 채 사회의 동향에만 집중하지 않는가?

자신의 점수를 파악하는 작업을 외면하지 않는가?

사회의 동향에 지나치게 주목하는 태도는 자신의 시험 점수는 보지 않은 채 다른 사람의 점수만 알아내려는 것이나 마찬가지다.

신문을 읽기 전에, 다른 사람의 변화를 알려고 하기 전에 회사의 변화부터 파악하라.

숫자와 현실 직시

숫자에 약하다고 말하지 않는가?

'숫자'에 약하다. 많은 사장이 이렇게 말한다.

'수학'에 약하다. 이렇게 말한다면 이해하겠다.

그런데 경영에서 필요한 것은 수학이 아니다. 대부분이 단순한 계산인 덧셈, 뺄셈 정도에 불과하다. 이것을 못한다고는 할 수 없을 것이다.

그러므로 숫자에 약하다는 말은 결국 귀찮다는 의미일 뿐이다. 사실과 마주하고 싶지 않을 뿐이다.

현실을 외면하려는 사장이 성공할 수 있을 만큼 사회는 호락호락하지 않다.

숫자를 외면하지는 않는가?

수학 시간이 싫다는 이유로 보건실로 도망가지는 않는가?

사장은 사실을 직시하는 사람이여야 한다. 숫자는 사실을 알려준다. 그 사실은 때로는 냉혹하다. 하지만 사실을 외면해서는 아무것도 달라지지 않는다.

숫자를 직시하여 사실을 파악할 수 있는 사장이 되어라.

철수선
'철수선'을 설정했는가?

　'철수'를 고려하는 상황은 사장에게 무척 가슴 아프다. 하지만 '미래를 위한 철수'도 있다. 사업에서 철수해도 경영은 지속할 수 있기 때문이다. 이렇게 하려면 미리 철수하는 상황을 충분히 고려해둬야 한다. 이것이 '철수 전략'이다.＊

　철수 전략에서 가장 중요한 사항은 철수 방법을 찾는 것이 아니다. 적정한 '철수선'을 정해놓는 것이다. 이것은 냉정할 때 미리 생각해둬야 한다. 궁지에 몰리면 사람은 정확한 판단을 내리기가 어렵기 때문이다. 그런 상황에서 적정한 철수선을 설정하기란 불가능하다.

하지만 많은 사장이 철수를 '냉정할 때' '진지하게' 생각하지 않는다. 그래서 결국에는 진흙탕에 빠져 경영뿐만 아니라 인생 전체가 무너지고 만다. 이것이야말로 사회적으로 큰 손실이다.

철수선을 오늘이라도 정해두자.

※ '철수 전략'이라는 말을 자주 사용하는데, 이것은 말이 안 된다고 생각한다. 철수는 전략이 아니기 때문이다. 철수는 경영상의 전술이지 경영 전략이 아니다. 하지만 이해하기 쉽도록 편의상 이 말을 그대로 사용했다.

성장의 끝

'성장의 끝'을 의식하는가?

성장에는 끝이 있다. 이는 수많은 역사가 증명한다. 하지만 사업이 성장기에 진입하여 순조로워지면 많은 사장이 이 사실을 망각한다. 성장이 영원히 지속될 거라고 생각한다. 그리고 실패한다.

애석하게도 유망한 사업일수록 시장(Market)은 포화 상태가 될 가능성이 크다. 여기에는 두 가지 큰 이유가 있다.

1. 경쟁자가 많아져서 가치(상대 가치)가 하락하기 때문에

2. 수익자(고객)가 가치(절대 가치)에 싫증을 느끼기 때문에

모든 산업에서 이는 자연스러운 흐름이므로 피하기 어렵다.

'시작이 있으면 끝이 있다.'

당신의 사업이 성장기에 진입할 때, 성장 기업을 구축했을 때, 이 사실을 떠올리기 바란다.

그러면 그다음 방향을 모색할 수 있다.

그리고 성장을 지속할 수 있다.

모방당할 각오

모방당할 각오는 있는가?

좋은 비즈니스는 모방당한다. 성공을 지속하는 사장은 이 사실을 뼈저리게 잘 안다. 하지만 이제 막 성공한 사장은 그 무시무시함을 모른다. '현재의 안락한 상태가 영원히 계속되겠지.'라고 생각한다. 그래서 아무 대책도 세우지 못한다.

그러면 동일한 서비스를 제공하는 회사가 차례로 나타나서 자신은 선두에 서 있다고 생각했는데 어느새 맨 끝에서 끌려가는 사태를 맞이하고 만다.

즉, 좋은 비즈니스는 결국 더 이상 좋은 비즈니스가 아니다.

당신이 좋은 비즈니스를 구축할수록 모방당할 가능성은 크다.

동일한 시장에 참여하는 회사가 점점 증가한다. 성공을 지속하고 싶다면, 이런 현실을 각오해야 한다.

경쟁자가 생겨날 가능성을 부정하지 않는가?

모방당할 각오는 되어 있는가?

어렵게 구축한 비즈니스가 순조로운 상태에서 지속되기를 바라는 마음은 잘 안다. 하지만 현실은 그렇지 않다. 아무것도 하지 않으면 그것은 불가능하다.

모방당할 각오를 하라.

고객과 회사의 접점

고객과 회사의 접점을 구축하는가?

한 번 성공한 비즈니스로 평생 먹고 살거나 처음 취직한 직장에서 평생 일하는 것이 당연시되던 시대는 끝났다.

우리는 유감스럽게도 인류 역사상 처음으로 '처음에 선택한 직업이나 비즈니스로 평생을 먹고 살 수 없는' 시대를 맞이했다. 이는 상품이나 서비스의 생명 주기(수명)가 지나치게 짧아졌기 때문이다.

이런 시대에는 경영이 쉽지 않다. 어렵게 성공하는 비즈니스를 구축해도, 대대적인 상품 개선이나 신상품 개발이라는 막대한 리스크를 정기적으로 부담해야 하기 때문이다.

여기에 따르는 위험 부담은 크다. 새롭게 회사를 세우는 일과 차이가 없다.

그렇다, 사장은 평생 여러 번 '창업'해야 하는 셈이다. 이 리스크를 조금이나마 줄이려면, 고객과의 접점을 상품과 서비스뿐만 아니라 '회사' 전체와 구축해둬야 한다. 고객이 당신 회사의 단골이라면 새로운 상품을 받아들일 가능성은 커진다.

고객과의 접점이 상품에만 제한되어 있지는 않은가?

고객과 회사의 거리는 멀지 않은가?

고객과 회사의 관계를 구축하라.

어린 시절, 아버지처럼 되고 싶었다. 사장님이었던 아버지는 멋있었다. 나에게 아버지는 영웅이고 슈퍼스타였다. '사장의 일'을 즐겁게 해내시던 아버지는 나에게 자랑거리였다.

일본 사회에서는 경영이나 장사를 부정적으로 생각하는 경향이 있다. 이런 사회 분위기에서 내가 경영이나 장사를 긍정적으로 받아들일 수 있었던 것은 아버지 덕분이다.

"거짓말하지 마라. 다른 사람에게 피해를 주지 마라. 이것만 잘 지키면 인생은 네 자유이니 무엇을 해도 좋다. 하지만 나에게는 사장이 가장 보람 있는 일이었단다."

교사의 길을 걷던 내가 뭔가에 홀린 듯 사장이 된 것은 이런 가르침이 있었기 때문이다. 지금 나는 사장이라는 직업을 선택하길 잘했다고 생각한다.

사실 사장은 높은 기준이 요구되고, 호락호락한 일도 아니다.

힘들고 어려운 일도 많다. 하지만 분명히 보람이 있다. 사장의 일은 경영을 통해 사회에 기여하고 회사에 관계된 사람과 사회에 더 좋은 영향을 줄 수 있는 멋진 일이다. 이보다 훌륭한 일은 쉽게 찾기 어려울 것이다.

그러므로 한 사람이라도 많은 사장이 그 일을 계속 지켜가기를 바라는 마음에서 이 책을 쓰기 시작했다.

사장의 자리를 지키려면 사장으로서 꾸준히 실력을 키워가야 한다. 끊임없이 실력을 향상시키려 노력하면서 자신과 맞서나가는 일, 이것이 바로 사장의 일이라고 생각한다.

마지막으로, 지금까지 사장의 일에 도전하여 수많은 성공과 실패를 보여준 수천 명의 사장 모두에게 감사드린다. 여러분이 느꼈던 기쁨, 여러분이 겪었던 고뇌와 후회. 이것들이 앞으로 도전하는 사장들에게 조금이나마 도움이 되었을 것이라고 생각한다. 그중 이 내용들을 바탕으로 사장의 일을 성실하게 실천해서 멋진 경영을 하는 이가 나타날 것이라고 확신한다.

이런 사장이 미래의 사회를 바꿔간다. 나도 그들과 함께 더욱 노력해야겠다. 나의 영웅, 아버지처럼 될 수 있도록.

하마구치 다카노리

1일 1페이지 사장 수업

초판 1쇄 인쇄 2023년 2월 25일
1쇄 발행 2023년 3월 5일

지은이 하마구치 다카노리(浜口隆則)
옮긴이 김하경

펴낸이 우세웅
기획편집 김은지 김휘연 정보경
본문편집 한희진
표지 디자인 김세경
본문 디자인 박정호

종이 페이퍼프라이스㈜
인쇄 ㈜다온피앤피

펴낸곳 슬로디미디어그룹
신고번호 제25100-2017-000035호
신고연월일 2017년 6월 13일
주소 서울특별시 마포구 월드컵북로 400, 상암동 서울산업진흥원(문화콘텐츠센터) 5층 22호

전화 02)493-7780
팩스 0303)3442-7780
전자우편 slody925@gmail.com(원고투고·사업제휴)
홈페이지 slodymedia.modoo.at
블로그 slodymedia.xyz
페이스북.인스타그램 slodymedia

ISBN 979-11-6785-120-8 (03320)

※ 본 도서는 《오늘도 사장으로 살아가는 당신에게》의 개정판입니다.